Shigeru Ishitoya
石戸谷 滋
Teruo Manabe
真鍋照雄 著

英語が好きになる5分間話

上級編

黎明書房

はじめに

「帝王切開」という言葉があります。これに相当する英語は Caesarean section で、文字通りには「シーザーの切開」を意味します。

「ああ、知ってるよ。シーザーが帝王切開で生まれたからこの名前が付いたんだ」とあなたは言うかもしれません。

でも待ってください。シーザーが生まれたのは紀元前のことです。そんな時代に帝王切開が行われていたでしょうか？　麻酔は？　輸血は？　消毒は？

「ではなぜ Caesarean section という言葉が生まれたのだ？」とあなたは切り返してくるでしょう。

答えは本文にあります。このようなテーマに真剣に取り組んでいるのが本書です。

Caesarean section の由来は英語を習得する上でぜひ知っておく必要のある事柄ではありません。また、「ああ、ロミオ、ロミオ、あなたはどうしてロミオなの？」は原文で O Romeo, Romeo, wherefore art thou Romeo? という、と知っていても、その人が英語に熟達していることにはなりません。英語の教師になろうという者は必ず *The Catcher in the Rye* を原文で読んでいなければならない、ということもないのです。

ではどうしてこのようなテーマにこだわるのでしょう？　それは、これらのことが英語学習を確実に豊かなものにしてくれるからです。覚えておく必要のあること、覚えておけば役に立つことの海に囲まれる中で、これら「楽しみのための知識」が英語学習者のオアシスとなることを願ってやみません。

著　者

目　次

はじめに　1

1　シーザーは帝王切開で生まれたか？　5
2　すべての street はローマに通ず　8
3　colon と semicolon はどう使い分ける？　11
4　Wrong Way Corrigan　15
5　モラルハザードって何？──難解なカタカナ語　18
6　ランゲルハンス島はどこに？　22
7　Indian summer は「偽りの夏」？　25
8　ガラガラ、バリバリ、ドスーン（英語の擬声語、擬態語）　28
9　映画のせりふを味わう①　*Brokeback Mountain*　32
10　ケネディと「ニュー・フロンティア」　36
11　ghoti の読み方を知っていますか？　40
12　temper、テンペラ、てんぷら　43
13　hay fever は hay のせい？　46
14　Oh, my God !　49
15　英語の小説を原文で読む①　53
　　The Catcher in the Rye　　by J.D.Salinger
16　「使用人」は「家族」のはじまり？　57
17　アメリカの政治制度　60
18　英詩を味わう①　Dover Beach　by Matthew Arnold　64

19 「黄色い」新聞の物語 68
20 「客人」と「敵」を分けるものは？ 72
21 体調不良の英語 76
22 メジャーリーグ史上最強のバッターは？ 79
23 どうしてあなたはロミオなの？── Shakespeare のせりふ 83
24 2つの coaster をめぐって 87
25 アメリカのキリスト教 90
26 生きるって何？── life と death をめぐる英語の名言 94
27 悲劇の王女 Lady Jane Grey 98
28 映画のせりふを味わう②　*Smoke* 102
29 ボギーマンに負けるな── ゴルフ用語について 106
30 haiku の世界 110
31 To be, or not to be の3つの解釈 114
32 「怠け者」と呼ばれる元素は？ 118
33 英語の小説を原文で読む② 122
　　　"The Dead"　　by James Joyce
34 何度も転ぶかもしれないが… 126
　　　── adversity と failure をめぐる英語の名言
35 前から読んでも後ろから読んでも ── palindrome の世界 129
36 「初めに言葉があった」とは？ 132
37 英語のジョーク 136
38 英詩を味わう②　Emily Dickinson の詩 139
39 英語の crossword puzzle を作る 143
40 英語のなまり①　イギリス英語 147
41 英語のなまり②　アメリカ英語 151
42 英語のなまり③　英米以外の国々の英語 155

イラスト：山口まく

 # シーザーは帝王切開で生まれたか？

「帝王切開」という言葉を聞いたことがあると思います。通常の出産が危険だとみなされた場合、医師が母体の腹部を切開して胎児を取り出すことです。でもどうしてそれに「帝王」の名がついたのでしょう？

「帝王切開」はドイツ語の Kaiserschnitt を和訳したものです。

Kaiserschnitt は Kaiser（皇帝）と Schnitt（切開）の合成語で、文字通りには「皇帝の切開」を意味します。「帝王切開」はなかなかしゃれた訳ですが、元になっている Kaiserschnitt は、控えめに言っても、大きなクエスチョン・マークのつく言葉です。

「カイゼル髭」でおなじみのドイツ語 Kaiser［カイザー］は、古代ローマの政治家 Julius Caesar（ユーリウス・カエサル、英語では同じつづりで［**ジューリアス・スィーザー**］*）に由来する語です。ローマには歴代の皇帝が何人もいましたが、知名度の点でシーザーに並ぶ者はおらず、ドイツ語ではシーザーが「皇帝」の代名詞として使われるようになったわけです。シーザーは名目上は dictator（独裁官）の地位にとどまり、emperor（皇帝）にはならなかったことを思うと、皮肉な気がします。

さて、「帝王切開」は英語では Caesarean section (operation)**［スィゼアリアン・セクション］と言います。これは「シーザーの切開（手術）」という意味で、実質的に Kaiserschnitt と同じものを表しています。その背景に「シーザーは帝王切開によって生まれた」という伝説があるのは言うまでもありません。

けれどもそれは本当でしょうか？ シーザーは紀元前100年の生まれですが、そんな古代に帝王切開が行われていたのでしょうか？

考えるまでもなく、紀元前100年に今日のようなスタイルの帝王切

開手術が行われていたはずはありません。母体を救いつつ無事子供を取り上げる帝王切開は、実質的に19世紀に始まり、麻酔、輸血、殺菌などの処置が整った20世紀に入ってようやく本格化しました。

けれども、ローマ時代にもある種の帝王切開が行われていたという記録が残っています。それは、妊婦が不幸にして出産の途中で死んでしまった場合、その腹部を切開して胎児を取り上げる、というものでした。

かくして、焦点は、シーザーの母親が彼を出産した際に亡くなったかどうかに移ります。

シーザーほどの著名な人物になると、その母親の生涯についても比較的詳しい記述が残されています。シーザーの母、Aurelia（アウレリア）は良妻賢母として名高かった人で、シーザーが40歳代になるまで生きていました。つまり、シーザーが帝王切開で生まれた可能性は限りなくゼロに近いことになります。

ではいったいどうして「シーザーの切開」なる言葉が生まれたのでしょうか？

主要な説としては、以下の3つが挙げられます。

① 古代ローマには「妊婦が出産の途中で死んだ場合、その腹部を切開して胎児を救う努力をすること」を命じた法律があり、それがLex Caesareaすなわち「シーザーの法」と呼ばれていたことに由来する、というもの。ただし、これは一種の言い伝えに過ぎず、この法律の存在を裏付ける資料は残っていません。

② シーザーの先祖の1人が上記の切開手術によって生まれたことによる、というもの。これまた裏付けの資料は残っていません。興味深いのは、この説が早くも紀元1世紀に唱えられていることです。ドイツ語のKaiserschnitt、英語のCaesarean sectionなどが生まれるはるか以前のラテン語の時代から、この語の由来が人々を悩ませてきたことが分かります。

③ ラテン語の単語caedere（切る）――とりわけその過去分詞caesus——が Caesar のつづりによく似ていることから、誰かがこじつけて「シーザーの切開」という言葉をつくった、というもの。合理的な説明としてはこれがいちばん納得のいくもので、多くの語源学者に支持されています。ただし、この説が正しいとしても、この語は何らかの形でシーザー個人との関連性を持っていたのではないかと言われています。

①、②、③のどの説が正しいかは、今日では確認するすべはありません。ただ、シーザー自身が帝王切開によって生まれたのでないことだけは確実のようです。

＊発音をカタカナ表記する場合は［ ］でくくります。太字はアクセントです。
＊＊アメリカ英語では、Caesarean は普通 Cesarean とつづります。

■monkey wrench は「猿のレンチ」ではない？■

六角形のボルトやナットを回す道具「スパナ」は、英語の spanner をカタカナに置き換えたものですが、英語にはもうひとつ wrench（レンチ）という語があって、spanner と同じ意味に使われます。この wrench のうち、ボルトをつかむ部分が可動式になっていて、その幅を変えられるものは monkey wrench（モンキーレンチ）と呼ばれていますね。でもどうしてこれは「猿のレンチ」なのでしょう？

Caesarean section と同様、monkey wrench の由来についても確かなことは分かっていませんが、この道具が 19 世紀半ばにロンドンの鍛冶屋 Charles Moncke［マンク］によって考案されたことによる、とする説が有力視されています。当初 Moncke wrench と呼ばれていたものが、いつの間にか monkey wrench に置き換えられたというわけです。「caesus が Caesar に置き換えられた」という本文の③の説を彷彿とさせるものがありますね。

すべての street はローマに通ず

　ドイツに Romantische Straße（ロマンティッシェ・シュトラーセ：ロマンチック街道）と呼ばれる観光ルートがあります。中世の家並みがそのまま保存されている町や、おとぎ話に出てくるような古城が点在する街道で、とりわけ日本人の好む観光地として知られています。

　この Romantische Straße は英語に直すと Romantic Street ですが、これを聞いて「おや」と思う人もいるでしょう。英語の street は市中の「街路」のことであって、町と町を結ぶ「街道」ではないからです。Romantic Street と言えば、「都市の一角にある観光用のしゃれた町並み」といった印象を与えます。

street と via

　けれども、歴史的には、street は決して「街路」だけを指す言葉ではありませんでした。

　ローマ帝国は、ヨーロッパを平定したとき、その全域に軍用道路を建設して、それを via strata と呼びました。via は「道」、strata は「舗装された」という意味です。ところが、これを自分たちの言語に採り入れたゲルマン人は、via を省略し、後半の strata を「舗装された道路」の意味に用いました。これが今日の street、およびドイツ語 straße の起源です。

　その起源を彷彿とさせる地名がイギリスに残っています。Watling Street（ウォトリング街道）です。

　Watling Street は1世紀にイギリスを占領したローマ人が造った道で、Dover からロンドンを経由し、イングランドの西部 Shropshire（シュロプシャー）にある Wroxeter（ロックスィター）という村まで続いています。ロックスィターにはローマ人の築いた城砦の跡が今

でも残っているそうです。この村からウェールズまではもう間近です。

さて、一方の via は、「道」という本来の意味を street に奪われましたが、そのまま消えてしまったわけではありません。via［ヴァイア、ヴィーア］（～経由で）という英単語として今日も使われています。

さらに、via は、vi あるいは via の形で、いくつかの単語の構成要素になっています。例えば previous は、pre（＝before）＋vi という構成の語で、「道の前に」から「前を行く」を経て「先の、以前の」の意味になりました。また obvious は ob（＝in）＋vi という構成で、「道の中に」→「道をふさいで」→「目の前に見える」と変化して「明白な」の意味になりました。

「ローマ」が「ロマンチック」になった理由

Romantic Street（Romantische Straße）に戻り、今度は Romantic がもともとどういう意味だったのかを探ってみましょう。

romantic は romance の形容詞形ですが、この romance はラテン語 Romanus（ローマの）の派生語である Romanicus（ローマ風の）を起源としています。「ローマ風の」というのは「ローマそのものではないが、ローマに似たもの」という意味です。この語はやがて「ロマンス語」、すなわち「ラテン語を母体として生まれた各地方の言語」を指すようになりました。「ローマの言語であるラテン語に似たもの」ということですね。このロマンス語は今日のイタリア語、フランス語、スペイン語、ポルトガル語、ルーマニア語の基礎をなしています。

やがて、このロマンス語で多くの物語が書かれるようになり、その通俗的で伝奇的な物語自体が romance と呼ばれるようになりました。中世に入ると、romance の主流は騎士と貴婦人との恋愛を扱っ

た物語に移っていきます。『ドン・キホーテ』の主人公はこの romance を読みすぎて頭がおかしくなるわけですが、この作品自体がパンチの利いた romance のパロディーになっているのですね。

以上を整理すると、romance は「ローマ風の」→「ロマンス語」→「ロマンス語で書かれた物語」→「恋愛物語」を経て今日の「恋愛、ロマンス」の意味になったことが分かります。romantic はその形容詞形で、「ロマンス物語の」から「ロマンチックな」の意味になりました。

さらに、romantic には、19世紀に入って新しい意味が加えられました。文学や音楽などの芸術分野における「ロマン主義の、ロマン派の」という意味です。イギリスでは Wordsworth、Byron、Shelley、Keats などの Romantic Poets（ロマン派の詩人）が一世を風靡しました。

さて、Romantische Straße は第二次世界大戦後に観光目的で付けられた名前で、その意味ではまさに「ロマンチック街道」です。けれども、この名前には、この道がローマに至る「ローマ街道」として造られたものであることが織り込まれているのですね。

■ 3つの道の交わるところには ■

前述の via（道）が含まれる語には、もう1つ、trivial があります。trivial は語源に関してはとりわけ有名な言葉ですので、ここでそれを紹介することにしましょう。

trivial の tri は「3」ですから、この語のもともとの意味は「3つの道の交わるところ」すなわち「三叉路」でした。昔から道の交わるところには人が集まり、市が立って、情報の交換が行われました。けれども、その情報の内容は、ほとんどが作物の生育や人の出入りに関することなど、ごく平凡な事柄でした。そこから trivial に今日の「ささいな、取るに足らない」の意味が生まれたのです。

3 colon と semicolon は どう使い分ける？

　英文を読んでいると、ときどき colon（：）や semicolon（；）に出くわしますね。私たちは普段その違いを気にしませんが、ひとたび自分で英文を書く段階になると、「うーん、ここは colon を使うのだろうか、semicolon を使うのだろうか？」と悩むことになります。この 2 つはどう使い分ければいいのでしょう？

　semicolon の semi は「半分」という意味です。ですから semicolon は colon よりも軽い区切りだという印象がありますが、実際にはこの 2 つの使い分けは軽重の問題ではありません。それぞれに役割があるのです。

　では実際の英文で colon と semicolon がどのように使われているかを見てみることにしましょう。例文は George Orwell（オーウェル）の *Animal Farm*（『動物農場』）から採りました。Orwell は最も標準的な英文を書いたと言われる作家です。

Animal Farm

　'Now, comrades, what is the nature of this life of ours ? Let us face it : our lives are miserable, laborious, and short. We are born, we are given just so much food as will keep the breath in our bodies, and those of us who are capable of it are forced to work to the last atom of our strength ; and the very instant that our usefulness has come to an end we are slaughtered with hideous cruelty. No animal in England knows the meaning of happiness or leisure after he is a year old. No animal in England is free. The life of an animal is misery and slavery : that is the plain truth.'
（Chapter Ⅰ）

Animal Farm は、ある農場の動物たちが反乱を起こし、人間たちを追い出してそこに自分たちの国をつくる、という寓話的な小説です。ここに抜き出したのはその最初の部分で、豚の Major が動物たちを目覚めさせようと演説をするところです。

この文章には colon が2回、semicolon が1回使われています。まず Let us face it : our lives are miserable, laborious, and short. ですが、ここでの colon は A：「そのこと（われわれの生活の現状）を直視しよう」と B：「われわれの生活は惨めで、労苦に満ちて、短い」をつないでいます。A は問いかけ、B はそれに対する答えであり、A→B と論理が展開していますね。

2回目の The life of an animal is misery and slavery : that is the plain truth. の colon はどうでしょうか？ これも A：「動物の生活は苦痛と屈従だ」と B：「それは明らかな事実だ」をつないでおり、やはり A→B と展開しています。B は A を補足している、と考えることもできるでしょう。

では semicolon はどうでしょう？ この文章の中ほどに出てくる semicolon は、A：「われわれはやっと生きていけるだけの食べ物しか与えられず、エネルギーを出し尽くすよう強いられる」と B：「役に立たなくなった瞬間、われわれは無惨に屠殺される」をつないでいますが、これは A→B と展開しているというより、A と B が並列されていますね。

colon は、言い換えや補足を含めて、A→B と論理を展開する場合に用います。colon を何かの言葉で置き換えるとすれば、「すなわち」、「例えば」、「具体的に言えば」などになるでしょう。

一方の semicolon は、A+B と並列する場合に用います。何かの言葉で置き換えるなら「そして」、「また」、「あるいは」になるでしょうか。

まぎらわしいケース

ここまで説明したことは大ざっぱな原則であり、実際の英文には

3 colon と semicolon はどう使い分ける？　13

A→B とも A+B とも取れるものが少なくありません。

Animal Farm に次のような文があります。

There was no wastage whatever ; the hens and ducks with their sharp eyes had gathered up the very last stalk. （ChapterⅢ）

semicolon が使われていますから、ここでは A：「損耗は全くなかった」と B：「ニワトリやアヒルが茎を1本残らず集めた」が並列されています。でも、もしこの文に「損耗は全くなかったが、それはニワトリやアヒルが茎を1本残らず集めたからだ」という意味を持たせるのであれば、むしろ colon でつなぐのが適当ということになります。もしかしたら Orwell には colon よりも semicolon を多用する癖があったのかもしれません。

dash のニュアンス

colon や semicolon と同じような使い方をする punctuation に dash （‐）がありますが、dash はしばしばある種の劇的な効果を上げるために用いられます。次の文章を見てください。

At last, feeling this to be in some way a substitute for the words she was unable to find, she began to sing 'Beast of England'. The other animals sitting round her took it up, and they sang it three times over – very tunefully, but slowly and mournfully, in a way they had never sung it before. （Chapter Ⅶ）

ここは、動物たちの目の前で粛清が行われ、革命が進むべき道を進んでいないのが明らかになった場面です。動物たちは確かに3回も歌を歌ったのですが、その響きは以前のように希望に満ちたものではなくなっていました。dash はその落差を示す効果として用いられています。ちょうど昔話を語る人が、クライマックスに差しかかったところで少し間を置き、周囲の顔を見回してから、おもむろに先を続けるようなものです。

slash

punctuation の一種である slash（/）の使い方をここで紹介しましょう。slash は主として次の3つの形で使われます。

① 二者択一の境目として——例：He / she can park his / her car here. これは or の代わりと言うことができます。

② per（につき）の代用として——例：50 miles / hour（時速50マイル）。これは分数（割り算）の横棒の代わりと言うこともできます。

③ 詩の引用で、詩が改行されていることを示す——例：to the breath / Of the night-wind（p.65参照）。

■punctuation■

full stop / period [**ピアリアド**]	.
comma [**カ**マ]	,
apostrophe [ア**パ**ストラフィ]	boy's、boys'、can't などの '
question mark	?
quotation marks	' '、" "
exclamation mark	!
hyphen [**ハイ**フン]	how-to などの -
colon [**コウ**ラン]	:
semicolon [セミ**コウ**ラン]	;
dash	–
brackets [ブ**ラ**ケッツ]	[ ]
parentheses [パ**レ**ンサスィーズ]	( )
slash	/
ellipsis [イ**リ**プスィス]	…、..（省略を表す）

Wrong Way Corrigan

　仮にあなたがアメリカを車で旅行していて、道に迷い、A という町を目指していたはずが B という町に着いてしまったとします。B 町で道を尋ねたあなたに対し、町の人は You took the wrong way. と言う代わりに Wrong Way Corrigan と言い、大笑いするかもしれません。この表現はいったい何からきたのでしょうか？

I flew the wrong way.

　Wrong Way Corrigan は Douglas Corrigan（ダグラス・カリガン：1907-95）という飛行士に付けられたニックネームです。

　1938 年 7 月のある日、カリガンは自らの手で改造したオンボロ飛行機を操縦して、カリフォルニアからニューヨークへとやって来ました。それから彼は、カリフォルニアに戻る旨の飛行計画を Bureau of Air Commerce（航空商務局）に提出し、燃料タンクに 320 ガロン（1200 リットル）のガソリンを詰め込んで、7 月 17 日の早朝にブルックリンの Floyd Bennett Field を飛び立ちました。そしてその約 28 時間後、飛行機はアイルランドのダブリン郊外にある Casement Aerodrome に着陸したのです。

　飛行機が滑走を終え、飛行場の係員たちが駆け寄ってくると、カリガンは次のように言いました。

　Just in from New York.　Where am I?

　係員たちは唖然としてそのつぎはぎだらけの飛行機を眺めました。その飛行機は、大西洋を横断するどころか、空中に飛び立つことすらおぼつかないように見えたのです。機体のドアは針金で側面にくくりつけられていました。思わず 1 人が叫びます。

　You have crossed the ocean in this?

ocean という言葉に驚いた様子を見せたカリガンは、You mean I haven't flown to California at all? と尋ね返した後、おもむろに次のように付け加えました。

I guess I flew the wrong way.

カリガンはまたたく間に英雄に祭り上げられました。彼はダブリン市民に歓呼の声で迎えられ、ロンドンではアメリカ大使の公邸に招かれて歓待されます。8月の初め、愛機と共に蒸気船でニューヨークに戻ったカリガンには、ブロードウェイでの ticker tape parade* が待ち受けていました。

けれども彼にはやっかいな問題が残されていました。もし彼が虚偽の飛行計画書を提出し、着陸許可証もパスポートもないまま国外の飛行場に降り立ったのであれば、それは当然刑罰の対象になることだったからです。取り調べに対し、彼は「ずっと雲の上を飛んでいたため、下界が見えなかった」、「コンパスの設定を誤った」、「雲が切れたときに下を見たら、アイルランドの村が見えたので、あわてて近くの飛行場に着陸した」などと言いつくろったと言われています。結局、当局は彼が故意に大西洋を横断したことを立証できませんでした。

嘘をつき通したカリガン

カリガンは本当に間違ってニューヨークからダブリンまで飛んでしまったのでしょうか? それはあり得ないことです。カリガンは商業用の飛行機を何年も操縦してきたベテランのパイロットであり、飛行機の mechanic としても一流の腕を持っていました。その彼が誤って飛行機を目的地と反対方向に飛ばせてしまうなど、誰が考えてもおかしな話だったのです。

おまけに、カリガンは、1935年から37年にかけて、数度にわたってニューヨークからアイルランドまでの単独飛行を当局に申請し、却下されています。彼の父方の先祖がアイルランドからの移民だったことも知られていました。

こういった状況証拠にもかかわらず、彼は I flew the wrong way. と繰り返すのみで、故意にアイルランドに向かったことを、決して認めませんでした。そして、人々も、それが嘘であることを十分に認識しながら、それを信じるふりをし続けたのです。彼を晩餐会に招いた Franklin Roosevelt 大統領は、I didn't doubt your story for a minute. と言って彼を励ましたと言われています。

1938年と言えば、Lindbergh が大西洋を無着陸で横断して11年後のことです。常識的にはカリガンの飛行は二番煎じで、その名前が後世に残る可能性はほとんどなかったでしょう。でも彼には誰にもまねできないことが1つだけありました。それは彼が間違って大西洋を横断したという事実です。こうして彼の名は永遠のジョークのネタとして人々に記憶されることとなったのです。

*オフィスの窓から裁断された書類のくずが投げられるビル街のパレード。ticker tape は電信受信機から出てくる紙テープのこと。

■英雄となった飛行士たち■

Charles Lindbergh（チャールズ・リンドバーグ、1902-74）
　初めて大西洋を無着陸で横断（ニューヨーク→パリ、1927年）
Clyde Pangborn（クライド・パングボーン、1895-1958）
　Hugh Herndon と共に初めて太平洋を無着陸で横断（青森県の淋代海岸→シアトル近郊、1931年）
Wiley Post（ワイリー・ポスト、1898-1935）
　単独で世界一周飛行を達成（数回の着陸、7日と19時間、1933年）
Amelia Earhart（アミーリア・エアハート、1897-1937）
　女性として初めて単独で大西洋を横断（1932年）
　世界一周飛行の途中で消息を断つ（1937年）

# モラルハザードって何？
——難解なカタカナ語

　今日、私たちの周りには英語に由来するカタカナ語が氾濫していますが、そこには従来とはっきり異なる傾向が見られます。かつては、salary と man を勝手につなげて作った「サラリーマン」などの和製英語が数多く見受けられましたが、最近は英単語がそのままカタカナ化されることが多く、新しい和製英語はほとんど作られなくなったのです。これは日本人の英語力が向上した証と言えるかもしれませんが、一方では英語に精通している人ですら戸惑うような難解な語も目立つようになりました。ここでそのいくつかを解説することにしましょう。

●ユビキタス

　英語の ubiquitous [ユビクウィタス] をカタカナ化したものですが、ubiquitous は単独では be all over the place（いたるところにある、遍在する）を意味するに過ぎません。日本語でも単に「ユビキタス」ではなく、「ユビキタス社会」などと表現するほうが正確と言えます。
　「ユビキタス社会」は英語の ubiquitous city（略して U-city）に対応するもので、「コンピューターのネットワークによってすべての情報システムが連結されている都市や地域」を指します。簡単には「どこでも誰でもいつでもネットワークにつながる社会」と言うことができるでしょう。

●インフラ

　英語の infrastructure をカタカナ化した「インフラストラクチャー」を縮めたものです。infra は「〜の下に」という意味ですので、「基礎構造」と訳されることもあります。「人々が生活し、経済活動を行う上で必要となる公共の施設やサービス」の総称で、具体的には道路網、

鉄道網、通信網、港湾、空港、上下水道、配電、さらには病院、学校などを指します。英語のinfrastructureは要塞やミサイル基地などの軍事施設も含みます。

● **グローバリゼーション**

英語のglobalizationをカタカナ化したものです。もとになっている語はglobe（球、地球）で、その形容詞形global（地球の、地球規模の）を動詞化したglobalizeの名詞形がglobalizationということになります。その意味は「地球規模化」です。ビジネスや事業が世界規模で展開されるようになった現象を指す言葉で、聞こえは良いのですが、実際には「先進国の企業が発展途上国の人々をより効率的に搾取するようになった状態」に過ぎないとも言われています。

● **インフォームド・コンセント**

英語のinformed consentをカタカナ化したもので、「情報を与えられた上での同意」という意味の医療用語として用いられます。すなわち、患者が、特定のtreatment（治療）あるいはnon-treatment（非治療）のbenefit（恩恵）とrisk（危険）についての説明を受けた上で、医師の勧めに同意することを言います。「納得診療」あるいは「説明と同意」という訳語が提案されています。

なお、同じ医療用語の「セカンド・オピニオン（second opinion）：患者が主治医以外の医師に求める意見」には「第二診断」という訳語があります。

● **モラルハザード**

英語のmoral hazardをカタカナ化した語で、hazardは「危険」というより「損失の可能性」の意味に使われています。

moral hazardはもともとは保険業界の用語で、「被保険者の道徳性が保証されないことによって損失が生じる可能性」に言及しています。

　例えば、自動車保険の加入者が、事故を起こしても損害が保険で支払われることに付け込んで、乱暴な運転をするとき、このハザードが発生するわけです。

　この言葉は今日では経済界全般に広がり、「従業員や取引の相手などが正当な努力を払っているかどうかを監視できないことによって生じる損失の可能性」の意味に使われています。例えば、店員への給与が売り上げの成績と無関係に支払われる店舗では、店員が販売の努力を怠るかもしれず、そこにモラルハザードが発生する、と言われるわけです。

　moral hazard は「道徳性の欠如によって、あるいはそれを監視できないことによって生じる損失の可能性」と言い換えることができます。「道徳性の欠如」そのものではありませんので、勘違いしないようにしましょう。

●ロジスティクス
　logistics（兵站<ruby>へいたん</ruby>）をカタカナ化したものです。本来は「軍隊における物資の調達、輸送、保管などの業務」のことですが、今日では「企業による効率的な物流の管理」というビジネス用語としても用いられ

るようになりました。

●エンパワーメント

empowermentをカタカナ化したものです。empowermentはempowerの名詞形で、文字通りには「権限を与えること、能力を与えること」という意味ですが、アメリカのcivil rights movement（公民権運動）の中で「社会的な弱者が目覚め、連帯して、力を持つようになること」の意味に使われるようになりました。日本ではアイヌの民族復権運動がエンパワーメントの典型的な例ですが、より幅広く、さまざまな形の市民レベル、コミュニティーレベルの運動もエンパワーメントとしてとらえられるようになっています。

■その他のカタカナ語の例■

●インタラクティヴ——interactive
interactすなわちinter（相互に）＋act（作用する）の形容詞形。「相互に作用する」あるいは「双方向的な」の意味に用いられます。

●インセンティヴ——incentive
本来は「刺激となる」あるいは「刺激」という意味で、そこから販売促進などを狙った「報奨金」の意味に使われるようになりました。

●アーカイヴ——archive
「公文書の保管所、文書館」、あるいは「そこに保管されている文書」のこと。複数形archivesは［アーカイヴズ］と濁ります。

●アンビヴァレント——ambivalent
「両面の価値を持った、両面の」の意味に使われます。ambiは「両面の」、valentは「価値」の意味。

●アメニティー——amenity
「快適さ」あるいは「生活を便利で楽しくするもの」という意味で、しばしば不動産の価値を高める要素として言及されます。

# ランゲルハンス島はどこに？

　「半島」を意味する peninsula［ペニンサラ］は 2 語が合体してできた語です。これを元の 2 つに分けるためには、どこで切ればいいでしょうか？

　正解は pen の後です。peninsula は pen+insula と分解できるからです。前半の pen はラテン語の副詞 paene（ほとんど）が縮まったもの、後半の insula は同じくラテン語で「島」を意味します。「ほとんど島」すなわち「半島」というわけです。

　insula はいくつかの英単語のもとになっています。例えば insulate は「島にする」の原義から「孤立させる」を経て「絶縁する」の意味になりました。

　insulate と形のよく似た insularity は、「島民であること」から「島国根性」の意味になった語です。これは 18 世紀のイギリスの文人、Doctor Johnson（ドクター・ジョンソン）がイギリス人の偏狭さを戒めるために使った言葉ですが、日本人にもよくあてはまるようです。

　少し形が変化していますが、isolate もこの insula に由来する語で、その意味は「島にする」から「孤立させる」になりました。名詞形は isolation（孤立）です。

　けれども island（島）は、「水の土地」を原義とする英語本来の語で、語源的には insula とは関係がありません。もともとは iland とつづられていましたが、「島」を意味するフランス語 isle（現代フランス語では ile）の影響で——と言うより勘違いによって——s が挿入され、island になりました。「**アイランド**」という発音は元のままです。なお isle は insula に由来する語で、英語にも採り入れられています（発音は［**アイル**］）。

ランゲルハンス島

糖尿病の治療薬 insulin（インスリン、インシュリン）は、insula の a をとり、代わりに「中性の化学物質」を意味する接尾辞 in を付けた形です。それが islets of Langerhans（ランゲルハンス島：すい臓内に島のように点在する細胞の塊）から分泌されるホルモンであることにちなみ、こう名付けられたわけです。この細胞を発見したのはドイツ人の病理学者 Paul Langerhans（パウル・ランゲルハンス、英

語の発音は［**ラーンガーハーンス**］）でした。islet［**アイレット**］は前述の isle に「小さな」を意味する接尾辞 et がついた形で、「小島」を意味します。

ランゲルハンス島は pancreas（［**パンクリアス**］：すい臓）の全体積の 2 パーセントを占めるに過ぎませんが、1 人のすい臓に 20 万～200 万個もあると言われています。いかに小さな「島」であるかが分かりますね。

以上の説明でも明らかなように、ランゲルハンス島の「島」は比喩であり、現実にこういう名前の島があるわけではありません。つまり村上春樹の「ランゲルハンス島の午後」はジョークで付けられたタイトルなのです。

「ランゲルハンス島の午後」はわずか 2 ページのエッセイで、当のランゲルハンス島も軽く触れられている程度です。

けれども『ランゲルハンス島航海記』となると話は別です。これは 18 世紀末に N. Friesel（フリーゼル）というドイツ人が著したとされる本で、日本語にも翻訳され、出版されています。前書きには「英語で書かれた別の本の中にこの原稿がはさまっているのが最近になって

発見された」と記されています。ドイツの軍艦ゼンドー号が事故による大爆発のために沈没し、フリーゼルら乗組員たちは命からがら「ランゲルハンス群島」に流れ着いた、という書き出しで、そこから先はこの群島の自然や住民に関する克明な記録が書き連ねられています。これはいったいどういうことなのでしょうか？

ランゲルハンスがすい臓内に特殊な細胞を発見したのは、19世紀も半ばを過ぎた1869年のことでした。けれども彼はそれをリンパ節の一種だろうと推測したのみで、その機能を特定できませんでした。この細胞が血糖値を下げるホルモンを分泌していることが発見されたのは、ランゲルハンスの死から30年余りが経った1921年のことでした。それ以前は「ランゲルハンス島」という名前も一般には知られていなかったのです。

お分かりでしょうか？　『ランゲルハンス島航海記』が執筆されたとされる18世紀後半には、パウル・ランゲルハンスはまだ生まれてもいませんでした。この本は実際にはごく最近書かれたものであり、その内容も、その原稿の発見に関するもっともらしい記述も、すべてジョークなのです。

奇妙に心に響く言葉、「ランゲルハンス島」は人々の想像力を掻き立ててきました。晩年を普通の町医者として過ごし、自分の名前が後世に残るとは考えてもいなかったと言われるランゲルハンスは、このことをあの世でどう思っているでしょうか？

■ **isle と island の関係　　まとめ** ■

ラテン語 insula（島）→ isle（島）
　＊これに「小さい」を意味する et がついたのが islet（小島）。
古い英語 iland → island（島）
　＊フランス語 isle の影響でsが挿入されたが、isleとは別語源。

# Indian summer は「偽りの夏」?

　Indian summer という興味深い言葉があります。日本語には「小春日和」と訳されていますが、実際にはどんな天候を指すのでしょうか? そしてこの言葉はどのようにして生まれたのでしょうか?

Indian summer の定義

　Indian summer は、秋も深まったころ、アメリカ合衆国の北部一帯に訪れる暖かく穏やかな天候のことです。これが始まると、南あるいは南東の微風が吹き、しばしば大気にもやがかかったようになりますが、その風は決して湿ったものではありません。大陸性の気候で、短くても数日間、長ければ10日から2週間以上も続くそうです。

　Indian summer はアメリカのどういう地域によく見られるのでしょうか? 「これはニュー・イングランド地方に限られる天候だ」と主張する人がいる一方、「西海岸も含めたアメリカ全土に見られる」と言う人もいますが、東海岸の北半分から五大湖地方、その西の Great Plains States(グレート・プレーンズ諸州)に至る地域全般に見られる、とするのが一般的です。南部およびロッキー山脈以西にはあまり現れない気象なのですね。

　言葉を換えれば、Indian summer は冬の寒さの厳しい地方特有の気象ということになります。通常はかなり寒くなっている10月から11月に訪れるために、その暖かさがひときわ快く感じられるわけです。Indian summer の定義として、「大きな寒気がやって来た後に訪れる暖かい日々」という点を挙げる人も少なくありません。南部やカリフォルニアは11月に入ってもまだまだ暖かく、Indian summer が劇的に訪れることはないのですね。

Indian summer の由来

　Indian summer は 18 世紀ごろから使われるようになった言葉ですが、それはこの天候が典型的に現れる地域が当時まだインディアンに占有されていたことと関係している、と言われています。けれどもそれ以上のことはよく分かっておらず、いくつもの説が乱れ飛ぶ原因となっています。その代表的なものをここに紹介しましょう。

　Two or three weeks of fair weather, in which the air is perfectly transparent, and the clouds, which float in a sky of the purest azure, are adorned with brilliant colours... This charming season is called the Indian Summer, a name which is derived from the natives, who believe that it is caused by a wind, which comes immediately from the court of their great and benevolent God Cautantowwit, or the south-western God.

　これは 1812 年に J. Freeman という人が書いた一文で、Indian summer の由来が紹介されています。「この天候は神の園から吹いてくる風によって起こる」とインディアンが信じていることからそう名付けられた、というのですね。とても詩的ですが、必ずしも最有力の説とは言えません。一方には

　The smoky time commenced and lasted for a considerable number of days. This was the Indian summer, because it afforded the Indians another opportunity of visiting the settlements with their destructive warfare. （Doddridge, 1824）

という説があるからです。インディアンがこの好天を利用し、しばしば白人の入植地に攻め込んできたことからこの言葉が生まれた、というのです。

　この言葉はインディアンの狩猟のスタイルと関係している、と考える人々もいます。この当時のインディアンにとって、晩秋は最高の狩猟のシーズンで、とりわけこの暖かい日々は好都合でした。動物たちが暖かさに誘われてねぐらから出てくる上、もやのおかげでそれらに

気づかれずに接近できたからです。また、当時のインディアンは、狩猟の際に草原に火を放ち、その煙に隠れて獲物に近づくという方法をよく採っていました。晩秋の好天に伴うもやがインディアンのこの煙を連想させ、それが Indian summer という言葉を生んだのではないか、という説が唱えられるゆえんです。

　さて、この言葉を初めて耳にしたとき、あることが脳裏をよぎった、という人も少なくないのではないでしょうか？　Indian summer にはインディアンへの蔑視が込められているのではないか、ということです。そう、白人の入植者たちが "fools" summer という意味でこの言葉を使い始めた可能性があります。

　また、入植者たちにはインディアンを「信用できない」と考える傾向があったと言われています。アメリカ英語には Indian giver という言葉がありますが、これは「一度与えたものを取り返す人*」という意味に使われます。もしかしたら、Indian summer は false summer（偽りの夏）という意味で使われ始めたのかもしれません。

*これは白人とインディアンの所有意識の違いに由来する、と今日では考えられています。当時のインディアンには個人所有の意識が乏しく、物を贈るのは相手を「集団所有者の一員に加える」ことを意味していた可能性があります。

■小春日和と Indian summer■

　小春日和の「小春」は陰暦の 10 月の別称で、新暦では 11 月に相当します。その時期は Indian summer とほぼ重なりますが、小春日和は 2 週間も続いたりはしませんね。それが大陸性の気候と変わり易い島国の気候との違いなのでしょうか。でも、どちらも基本的に「寒い季節のつかの間の暖かな日々」を指していることに変わりはありません。

ガラガラ、バリバリ、ドスーン（英語の擬声語、擬態語）

　日本語にはガラガラ、バタン、ピシャッといった擬声語、だらだら、つるつる、ブルブルといった擬態語が無数にありますが、英語にもそれに相当するものがあるのでしょうか？

　英語にも犬の bowwow［バウ**ワ**ウ］や牛の moo［ムー］などの動物の鳴き声、時計の音を表す tick-tack（チクタク）、雨の音を表す pitter-patter（パラパラ）、鈴の音を表す ting-a-ling（チリンチリン）といった語がないわけではありません。けれどもこれらはまれな例で、英語には音声を直接的になぞる言葉はわずかしかありません。ほとんどの場合は、それにふさわしい動詞や形容詞を用い、叙述的に表すのです。例えば「その戸はキーキー音を立てた」は、英語では The door creaked. と言います。それらの言葉を個別に見てみることにしましょう。

擬声語に相当する英語の例

rattle　ガラガラ、ガタガタ、コトコトと音を立てる

　物がぶつかって短い連続的な音を出すときに使います。The windows rattled in the wind.（窓が風でガタガタ鳴った。）

clatter　ガチャガチャと音を立てる

　主に皿や鍋などがガタガタ、ガチャガチャと音を立てるときに使います。He clattered his fork on the plate.（彼は皿の上でフォークをガチャガチャ鳴らした。）

clang　ガラン、ガチンと音を立てる

　主に金属がぶつかる大きな音を表します。The bell at the church clanged.（教会の鐘がガランガランと鳴った。）

　clang より少し小さい音を表すのが **clank** で、鎖がぶつかるガチャッという音などに用います。

さらに小さい金属音には **clink**（カランカラン、カチン）を、最も小さい音には **click**（チリン、カチッ）を使います。The door clicked open.（戸がカチッと開いた。）

crack バリバリ、ピシャッ、ポキンと音を立てる

何かが割れたり裂けたりする鋭い音を表します。The gun cracked.（銃がピシャッと鳴った。）

crash ガチャン、ドシンと音を立てて壊れる

何かが壊れたり倒れたりするときの大きな音を表します。The car crashed into the wall.（その車は壁にドカンとぶつかって壊れた。）

これに対し、**clash** は固い物同士がぶつかる音を表します。The sward clashed against the shield.（剣がガチャンと楯に当たった。）なお **crush** は「押しつぶす」という意味です。

■音の大きい順に■
clang（ガラン）
↓
clank（ガチャッ）
↓
clink（カチン）
↓
click（カチッ）

■3つの「クラッシュ」■
crash　ガチャンと壊れる
clash　ガチャンとぶつかる
crush　グシャッとつぶす

bang ドシン、バタンと音を立てる

crash よりも軽くぶつかるときの音を表します。戸がバタンと閉まる音にも使います。He banged his foot against the chair.（彼はその椅子に足をゴツンとぶつけた。）

戸が閉まる音については **slam**（バタンと音を立てる）も使います。**thud** は重いものがドスンと落ちたときに、**bump** は重いもの同士がドーンとぶつかったときに使います。

buzz ブンブンいう

蜂や機械がブンブンいうとき、また人の集団がざわざわするときに使います。The place was buzzing.（その場所はざわざわしていた。）

She hissed at the boys.

hiss　シューシューいう

　蒸気やヘビが立てる音の他に、シーッと言って非難や制止を表すときにも使います。They hissed at the umpire. (彼らはシーッと言って審判に不満を示した。)

擬態語に相当する英語の例

　つるつる、ぬるぬるといった擬態語に相当するものは、主に形容詞を使って表現します。

sticky　ねばねばした、べとべとした

　My fingers are sticky with jam. (指がジャムでべとべとしている。)
　油でべとべとする場合は **greasy** や **oily** を使います。

slimy　ぬるぬるした、ぬめぬめした

　The bathtub was slimy. (浴槽はぬめぬめしていた。)

slippery　つるつるの

　つるつるで滑りやすい状態を表します。The floor was smooth and slippery. (その床は滑らかでつるつるしていた。)

flabby　ぶよぶよの

　筋肉などがたるんでいる様子です。My stomach is getting flabby.

(腹がぶよぶよしてきた。)

chubby ムチムチの

主に赤ん坊や子供について言います。The baby is chubby.（赤ん坊がムチムチしている。）

plump ぽっちゃりした、ふっくらした

基本的にはほめ言葉ですが、fat の婉曲な言葉としても使われます。a plump girl（丸ぽちゃの女の子）、a plump middle-aged woman（ふくよかな中年女性）

stout でっぷりした

主に中年の人について用います。a stout man（でっぷりした男性）

■ その他の擬声語、擬態語に相当する英語の例 ■

rustle	サラサラと音を立てる
rumble	ゴロゴロ、ガラガラ鳴る
jingle	チリンチリン、リンリン鳴る（鈴など）
tinkle	チリンチリン、リンリン鳴る（鈴や電話など）
flap	パタパタ揺れる（旗や翼など）
clap	パチパチと音を立てる（拍手など）
snap	パチンと音を立てる、ポキンと折れる
slap	ピシャッと打つ
creak	キーキー、ギーギー鳴る（戸など）
squeak	キーキー鳴る（車輪、ベッドなど）
shrill	キーキーした（人の声など）
toddle	ヨチヨチ歩く
wobble	ふらふらする、よろよろする
gobble	ガツガツ食べる
trickle	チョロチョロ流れる
lap	ぺろぺろなめる、ひたひたと打ち寄せる

映画のせりふを味わう①
Brokeback Mountain

2005年（日本では2006年）に公開された映画 *Brokeback Mountain*（『ブロークバック・マウンテン』）のせりふを味わってみましょう。

Brokeback Mountain は、アメリカのワイオミングとテキサスを舞台に、2人のカウボーイの同性愛を描いた映画です。2人が最初に出会ったのは1963年、最後に会ったのが1981年という設定ですが、それは同性愛を公表するなど考えられもしなかった時代でした。当時の人々にとっては——とりわけ田舎では——同性愛すなわち変態であり、社会から抹殺されるべきものだったのです。この厳しい環境の中で、2人はどんな形で自分の気持ちを伝え合ったのでしょうか？

男同士の「愛の言葉」とは？

Ennis del Mar（エニス・デルマー）と Jack Twist（ジャック・トゥィスト）は、羊の群れを放牧しながら Brokeback Mountain で一夏を過ごすのですが、ある夜、酒に酔った勢いで性行為に及んでしまいます。これが2人の関係のスタートです。

その翌日、酔いから覚めたエニスは You know I ain't queer.（俺はホモじゃないからな）と言い、ジャックも Me neither.（俺もだ）と答えます。本来「変な、奇妙な」を意味する queer は、今日ではもっぱら「ホモの」という意味の軽蔑語として用いられます。男女の間であれば幸せなカップルの誕生が、男同士では queer になってしまう、という理不尽さを2人は味わっているのです。

この2人はブロークバック・マウンテンでの出来事の4年後に再会しますが、そこでは2人の性格の違いが浮き彫りになります。「一緒に牧場をやろう」と夢を語るジャックに対し、エニスは、ホモセクシュアルの男性2人が惨殺された少年時代の事件を引き合いに出し、同居

は不可能であることを諭すのです。If you can't fix it, Jack...you gotta stand it. (決着をつけられないなら、我慢するしかない) というエニスのひと言は、そこから先の2人の関係を決定づけます。

エニスとジャックが最後に会うのは、2人がもう40歳近くになったときのことです。キャンプの一夜が明け、別れが迫ったとき、ジャックは I wish I knew how to quit you. (お前と別れられるなら別れたいよ) と言い、エニスは Then why don't you? ... It's because of you, Jack, that I'm like this. (だったらそうすりゃいいだろ。…俺がこんなふうなのはお前のおかげだ) と応じます。いかにも喧嘩しているようなやりとりですが、実はこれは彼らなりの愛情の表現なのです。この時代の男同士としてはこれが精一杯の愛の告白である、という点に注目してください。

やがてジャックは Come here ... it's all right. It's all right. と言ってエニスを慰めます。実はジャックは18年前のブロークバック・マウンテンでも全く同じ言葉をつぶやいています。2人の関係は18年の間に一歩も前進せず、一歩も後退していないのですね。

女たちのせりふ

この物語にはエニスの妻 Alma (アルマ)、ジャックの妻 Lureen (ラリーン)、そして離婚後のエニスの恋人 Cassie (キャスィー) の3人の女性が登場します。彼女たちの存在は、エニスもジャックも純粋な homosexual ではなく、いわゆる bisexual (両性愛) の傾向を持っていることを示していますが、一方では2人がノーマルであろうと必死に努めていることも暗示しています。でもそのことは、彼らが自分と関係する女性たちを不幸にしていく過程でもありました。

離婚からしばらくして、再婚した家庭にエニスを招いたアルマは、食事の後片付けをしながら、Don't try to fool me no more, ... Jack Twist? ... Jack Nasty. (ごまかしたって分かるわよ。…ジャック・トゥイスト?…ジャック・ナスティだわ) とエニスに迫ります。彼女

はエニスとジャックが抱き合っているところを目撃したことがあるのです。ジャックの姓 Twist は本来「ねじれ」という意味ですが、アルマは「ねじれた奴」→「胸の悪くなるような奴」と引っ掛けたのですね。この Nasty には彼女の長年の恨みが込められています。

　エニスとキャスィーの関係も長続きはしません。別れた後、レストランで偶然出会ったエニスに、キャスィーは I don't get you, Ennis del Mar.（あんたのことが分からないわ）と詰め寄ります。でもエニスはどうしても女性を愛せないのです。(I) was probably no fun anyway, was I?（俺ってどうせ楽しくないだろう？）とつぶやく彼に対し、キャスィーは Oh, Ennis … girls don't fall in love with fun !（女は楽しみに恋するんじゃないわ！）と叫びます。彼女は本気でエニスを愛していたのですね。

　この2人とは対照的に、ラリーンはジャックと正面切って対決しようとはしません。彼女はジャックの同性愛的傾向に気づいているのですが、それを直視できないのです。ジャックは、死ぬ前に、自分の灰をブロークバック・マウンテンに撒いて欲しいとラリーンに言い残します。でも彼女は、そこがジャックとエニスの思い出の場所であることを知らされても、Well he said it was his favorite place. I thought he meant to get drunk. He drank a lot.（お気に入りの場所だって言ってました。酔っ払えたからでしょう）と言って、その問題から逃げてしまうのです。エニス、アルマ、キャスィー、そしてジャック、ラリーン──揃いも揃って何と孤独な人々でしょう。

Brokeback Mountain の方言

　Brokeback Mountain は方言の宝庫です。その例をいくつか紹介しましょう。

● It <u>ain't</u> goin' nowhere.

　ain't ［**エイント**］は am [are, is] not の短縮形で、南部や西部で広く用いられています。かつては無教育な者の使う語として切り捨てら

9 映画のせりふを味わう① *Brokeback Mountain* 35

It ain't goin' nowhere.
　　↳ am (are, is) not の短縮形

方言って、味わい深いです

いろいろ便利だしね

れていましたが、今日では教育のある人も状況に応じて使うようになりました。人称・単複に無関係に使えますので、便利といえば便利ですね。-ing の g を呑み込み、発音しないことも極めて一般的です。

● ... was pretty well <u>knowed</u> in his day ...

　knowed は標準英語では known です。別のところでは speak の過去分詞として spoke が使われています。

● That harmonica <u>don't</u> sound quite right.

　harmonica は単数形ですので、don't は標準英語では doesn't です。

● ... I didn't know we <u>was</u> going to ...

　was は標準英語ではもちろん were です。上に挙げた knowed や don't、それにこの was などは日本では初歩的な誤りとされていますが、アメリカ人も使うことがあるのですね。そしてそれは「誤り」ではなく、方言です。

● Alma and <u>me's</u> <u>gettin'</u> married in November.

　標準英語では Alma and I are getting ... です。me による I の代用はごく普通に見られるものです。are になるはずの be 動詞が is になっています（'s と短縮）が、これも方言の一種と考えてください。

● <u>Them</u> soup boxes are ...

　Them は標準英語では Those です。これ以外に、they や their の代わりに them が、we の代わりに us が使われる傾向も見られます。上の例の I→me も同じですね。

10 ケネディと「ニュー・フロンティア」

　第二次世界大戦後に就任したアメリカの大統領の中で、最もカリスマ性の高かった人と言えば、誰しも第35代大統領 John F. Kennedy を思い浮かべるでしょう。1963年に彼が暗殺されたとき、世界に走った衝撃は恐ろしいものでした。ケネディはアメリカ人のみならず、世界中の人々に絶大な人気を誇っていたのです。

　ケネディは雄弁家で、非常に優れた演説を行い、それによって民衆の心を引き寄せた人として知られています。ここでは、その演説に着目し、彼がどのような方向にアメリカを導こうとしていたかを探ってみることにしましょう。

名文として名高い Inaugural Address

　大統領就任式（1961年1月20日）でのケネディの演説は非常に有名です。その英文に目を通すと、それが修辞をこらした大変な美文であることにまず驚かされます。speech writer の助けがあったとはいえ、その文章は基本的にはケネディ自身が書いたものであり、その文才が並々ならぬものであったことをうかがわせています。例えば、演説の後半に

　Now the trumpet summons us again – not as a call to bear arms, though arms we need – not as a call to battle, though embattled we are – but a call to bear the burden of a long twilight struggle year and year out, "rejoicing in hope, patient in tribulation" – a struggle against the common enemies of man: tyranny, poverty, disease and war itself.

という一節が出てきます。「武器を取れという呼びかけではない」と言った後「武器は必要だけれども」と付け加え、さらに「戦えという

呼びかけではない」と言った後「われわれは戦いに備えているけれども」と付け加えているところなど、格調が感じられますね。bear arms（武器を取る）、bear the burden（重荷を担う）と意味を違えて bear を繰り返しているところも見事です。twilight struggle（相手がはっきり見えない闘争）は大胆な組み合わせで、ほとんど造語といっていいものです。このような工夫が積み重ねられ、flowery style（美文調）が生まれるのですね。

さて、この演説の最後のところに出てくる

And so, my fellow Americans : ask not what your country can do for you – ask what you can do for your country.

My fellow citizens of the world : ask not what America will do for you, but what together we can do for the freedom of man.

という部分がとりわけ有名です。「国が自分に何をしてくれるかではなく、自分が国のために何ができるのかを問おう」というわけです。けれどもこれは政治演説ですから、どんなに格調の高い文が連ねられていても、具体的な政策の裏付けがなければ価値はありません。ケネディはどんな政策を用意していたのでしょう？

New Frontier

この就任演説に先立つ 1960 年 7 月 15 日、民主党の大統領候補指名受諾演説で、ケネディは New Frontier という考え方を打ち出しました。それは以下のようなものです。

... today some would say that the pioneering struggles are all over ... But ... the problems are not all solved and the battles are not all won, and we stand today on the edge of a New Frontier – the frontier of 1960 s, a frontier of unknown opportunities and paths, a frontier of unfulfilled hopes and threats.

「パイオニア的な闘いは終わったと言う人もいるだろうが、われわれは実はニュー・フロンティアの先端に立っている」と彼は言ってい

ます。frontier というのは、開拓された区域とまだ開拓されていない区域の境目のことです。今の時代にもまだ開拓されていない領域がたくさん残っている、とケネディは訴えているのですね。

　西部開拓史は native American (Indian) を虐待しつつその土地を奪い取っていく歴史だった、と言う人もいます。これは一面では当たっています。けれども、欲望のエネルギーだけで社会が繁栄することはありません。frontier spirit と呼ばれるものには、他者の利益のために奉仕する精神が含まれていたのです。

　アメリカという国が歴史に類を見ないほどの繁栄を誇ったことは、誰しも認める点でしょう。それはアメリカが広い国土と豊かな資源に恵まれていたからだけではありません。建国以来、アメリカ人は、他人が苦しんでいるのを黙って見ていられないという美点を備えていました。ときにはおせっかいと映るほどのこの豊かな友愛の精神が、いつしか国全体の繁栄を促していったのです。「ニュー・フロンティア」の訴えには、この精神を取り戻したいというケネディの願いが込められていたと言えるでしょう。

Peace Corps

　ニュー・フロンティアの具体的な政策としては、大企業による monopoly price（独占価格）の打破、労働者の minimum wage（最低賃金）の引き上げ、civil rights（公民権）の推進などが挙げられますが、ニュー・フロンティア的な色彩がとりわけ濃かった政策に Peace Corps ［コー］（平和部隊）の設立があります。

　Peace Corps は、アメリカ国民の間からボランティアを募り、その人々を教師、技術者、その他の専門家として発展途上国に送り込む、というものでした。これは今日では主に NGO（非政府組織）が行っていることですが、ケネディはそれを政府の事業として推進したわけです。その背景には、ソビエト連邦が後押しする共産主義勢力が発展途上国の貧困層に浸透し、着々と勢力を伸ばしていたという事実があ

りました。これに対抗するためには、大づかみな経済援助だけでは十分ではない、アメリカの民間人が現地に入り込み、住民との草の根的な交流を持たなければならない、と彼は考えたのです。

ケネディは、大統領選挙の直前にある大学で演説し、個人の利益だけを追い求めるのは空しい、人のために尽くして初めて充実した人生が送れるのだ、と学生たちに訴えました。演説が終わると、すぐさま数十名の学生が Peace Corps への参加を申し出たと言われています。彼らは「国が自分に何をしてくれるかではなく、自分が国のために、世界のために何ができるか」を問うたのですね。

New Frontier の政策は実現したか？

大統領に就任したケネディは、民主的な法案を次々に議会に提出しましたが、はかばかしい成果は上げられませんでした。重要な法案のほとんどは通過しなかったと言えるでしょう。政策の目玉の1つだった高齢者の医療保障制度、Medicare も否決されました。

1963年、ケネディは Civil Rights Acts（公民権法）の法案を議会に提出します。Martin Luther King 牧師を旗頭とする運動の高まりに対応する法案で、連邦政府の主導で人種差別を徹底して取り締まる内容のものでした。けれどもこの法案は、南部選出の議員などによる激しい妨害工作もあって、成立は極めて難しい情勢にありました。

そういった状態が続いていた1963年11月22日、ケネディはテキサス州ダラス市内をパレードしていたときに狙撃され、命を落としました。そしてその翌年、Johnson 新大統領によって Civil Rights Acts が再び議会に提出されたときは、「香典代わり」とも言える賛成票が大量に入り、この法案は楽々成立することとなりました。これ以外にも、ケネディ政権下で否決されたリベラルな重要法案が、ジョンソン大統領のもとで次々に成立していきました。ケネディの公約は次期政権によって果たされたと言えるかもしれません。

11 ghotiの読み方を知っていますか？

ghotiという変てこな単語の読み方を知っていますか？ これは英語の spelling（単語のつづり方）がいかにでたらめであるかを警告するために Bernard　Shaw*が造った語で、何と「フィッシュ」と読みます。enough、laugh などの gh は [f] と発音しますね。そして women の o は [i] と、station などの ti は [ʃ] と発音します。ですから、これらを組み合わせれば、ghoti は [fiʃ] と発音できるはずだ、というのです。

どうして gh が [f] と、o が [i] と、ti が [ʃ] と発音されることがあるのでしょう？ それらを個別に見てみましょう。

gh の発音

gh はもともと [x] と発音されていました。[x] はのどを響かせて出す音で、「ハ」と表記されますが、[h] とは別の音です。ドイツ語の ch に相当する、と言えばなるほどと思う人もいるでしょう。Nacht［ナハト］（夜）の「ハ」です。中世までは、英語にもこの [x] が残っていて、それに gh の文字があてられていました。

けれども、やがて英語からは [x] の音が消え、gh は night、light、though、bough などでは無音に、enough、laugh などでは [f] の音になったのです。

なお、ghost などでは gh が [g] の音になりますが、ghost の h は後代に挿入されたもので、[x] の gh とは別物です。

women の発音

women の o が [i] と発音されることには、特別の事情があります。

古英語（12 世紀ごろまでの英語）では、woman は wifmann と、women は wifmenn とつづられていました。中世英語（11 世紀から 16

世紀ごろまでの英語）ではこれが wimman、wimmen になりましたが、やがて単数形 wimman の [wi] の音が [wu] に変わり、つづりも wumman を経て woman に変わりました。けれども複数形 wimmen では、後ろにある [e] の影響で [wi] の音がそのまま残ったのです。やがてそのつづりは woman に合わせて women に変わりましたが、[wi] の音は残りました。そして後ろの [e] が前の [i] に同化して [i] になり、最終的に women とつづって [wímin] と発音する特殊な語が生まれたのです。

　英語で o が [i] と発音されるのは、この women だけです。

「シュ」と発音されるさまざまなつづり

　-tion の ti は [ʃ] すなわち「シュ」と発音されますが、[ʃ] に対応するつづりは実に 11 種類もあります。

　まず sh、これは [ʃ] に対応する英語の基本のつづりで、これを含む語は shop や push など無数にあります。

　それから machine の ch が [ʃ] と発音されますが、これはフランス語系の語の特徴です。フランス語では ch が [ʃ] に対応するつづりなのですね。

　sugar が「**シュ**ガー」と発音されるのは、フランス語 sucre［スュクレ］（砂糖）の影響です。でも sugar は「スュガー」とは発音しづらく、「シュガー」になりました。

　フランス語が関係する [ʃ] には、もうひとつ、anxious の xi があります。この語はフランス語では anxieux とつづり、「アンクシュー」と発音します。この「シュ」が英語では [ʃ] になったのですね。

　issue の ss も [ʃ] の音ですが、これは本来「**イ**スュー」と発音するべきところが、言い易い「**イ**シュー」に変わったものです。イギリスでは「**イ**スュー」と発音されることもあります。

　mansion の si や conscious の sci も [ʃ] の音ですが、これも「スィ」が言い易い「シ」に変わったものです。ocean の c が [ʃ] と発音され

るのも一種のなまりです。また special の ci が [ʃ] と発音されるのは mansion の si と同じ事情です。

さて、問題の -tion の ti はこの ci の変形で、やはりフランス語の影響を受けています。フランス語では -tion は「スィオン」と発音されますが、英語ではそれが [ʃən] になったのです。

最後にもうひとつ。schwa［シュワー］（あいまい母音）の sch も [ʃ] と発音されますが、これはドイツ語に由来します。ドイツ語では sch が [ʃ] に対応するつづりなのです。アメリカの俳優・政治家に Arnold Schwarzenegger［シュ**ウォ**ーツネガー］という人がいますが、この名前の先頭の Sch も [ʃ] ですね。

*Bernard Shaw（バーナード・ショー）は 19 世紀末から 20 世紀前半にかけて活躍したイギリスの劇作家。ただし ghoti は無名の綴字法改革者が造った語で、ショーはそれを広めただけだとする説もあります。

■ **[ʃ] に対応する 11 種類のつづり** ■

① sh……she、ship、short
② ch……machine、parachute
③ s……sugar、sure
④ xi……anxious
⑤ ss……issue、expression
⑥ si……mansion
⑦ sci……conscious
⑧ c……ocean
⑨ ci……special、official、delicious
⑩ ti……station、nation、dictionary
⑪ sch……schwa

12　temper、テンペラ、てんぷら

　古代ギリシャの医師に Hippocrates（ヒポクラテス、英語の発音は[ヒパクラティーズ]）という人がいます。紀元前4〜5世紀という古い時代に生きた人ですが、医療に対するその姿勢は驚くほど近代的で、有名な The Oath of Hippocrates（ヒポクラテスの誓い）は今日なお医師たちの拠り所となっています。

　ヒポクラテスは人間の生理についての「四体液説」と呼ばれる理論を示したことでも知られています。人間には blood（血液）、phlegm [フレム]（粘液）、yellow bile（黄胆汁）、black bile（黒胆汁）の4つの体液が流れており、これらのバランスによってその健康状態が決まる、と彼は考えたのです。この四体液説は、ギリシャ・ローマ時代はもとより、中世からルネサンス期に至るヨーロッパの生理学を支配し続けました。

　この説によると、血液の多い人は顔色が赤く、快活で楽天的な性格になります。粘液の多い人は几帳面で、黄胆汁の多い人は気むずかしく、黒胆汁の多い人は黒ずんだ顔色をして憂鬱になります。「憂鬱」を意味する melancholy はギリシャ語 melagkholia に由来しますが、この melagkholia は melas（黒い）＋khole（胆汁）という構成の語で、「黒胆汁」を意味します。melas は melanin（メラニン、黒色素）の語源でもあります。

　humo(u)r [**ヒューマー**]（ユーモア、おかしみ）は、もともとこの「4種類の体液（のそれぞれ）」を意味していました。語源はラテン語 (h)umor（液体、湿気）で、その意味は「四体液」→「四体液で決まる気質」→「一時的な気分、機嫌」→「ユーモア」と変遷しました。なお、最初の h が発音されるようになったのは比較的最近のことです。

体液の混ざり具合で temper が決まる

　temper（気質）も四体液説を反映した言葉です。temper はラテン語 temperare（正しく混ぜ合わせる、調節する）に由来する語で、当初は「混ぜる、和らげる」の意味に使われていましたが、「人間の性格は四体液の混ざり具合で決まる」という考え方から、今日の「気質、気分」の意味が生まれました。temper には今も「調節する、和らげる」の意味が残っていますので、辞書で確認してみてください。

　なお、distemper［ディステンパー］（ジステンパー：犬の伝染病）は dis（否定）＋temper という構成の語で、文字通りには「体液の混ざり具合が乱れる」を意味します。もともとは犬ではなく人間の体調の狂いを示す語でした。

　また temperature は当初「ほどよく混ざり合った」を意味していましたが、「適度の気候」から「寒暖」を経て「温度」の意味になりました。

「てんぷら」の登場

　「テンペラ画」という言葉を聞いたことがあるでしょうか？　tempera（テンペラ）は顔料に卵黄、にかわ、蜜蠟などを混ぜて用いる絵画の技法で、フラ・アンジェリコやボッティチェッリなどのイタリア・ルネサンス期の画家たちに愛用されました。この tempera が上記の temperare を語源としているのは一目瞭然です。「テンペラ」とは要するに「混ぜ合わせること」なのですね。

　temper、「テンペラ」とくれば、「てんぷら」まではもう一歩という感じがします。「てんぷら」は実際にこれらの語と関係があるのでしょうか？

　てんぷらは、「天麩羅」あるいは「天婦羅」といった漢字が当てられているものの、実際には室町時代に日本に入ってきた南蛮料理（つまりヨーロッパの料理）のひとつで、ポルトガル語の tempero（調味料）あるいは temporas（四季の斎日）[*]に由来すると考えられていま

す。

　このうちの tempero は上記の temperare に由来する語で、「調節するもの」から「調味料」の意味になりました。

　後者の temporas に関しては、少し説明を加える必要があります。temperare は実は同じラテン語の tempus（時、季節、適切な時期）から派生しているのですが、temporas はこの tempus に由来する語で、「季節」から「四季の斎日」の意味になりました。この tempus からは tempo（テンポ、速度）や temporary（一時的な）などの英単語が生まれていますので、私たちにもなじみがあります。

　前者の tempero（テンペロ）は発音が「てんぷら」に似ていますが、「調味料」という意味が今ひとつ「てんぷら」につながらない感じもあります。後者の temporas（テンポラス）については、「斎日に食べる肉を使わない料理」が日本に伝わって「てんぷら」になったことが考えられます。ポルトガルにはてんぷらに似た魚のフライの料理がある、などとテレビ番組などでは紹介されているようですが、裏付けとなる文献が残っていないため、いずれも推測の域を越えていません。

＊四季の斎日：キリスト教には、季節の初めおよびレント（四旬節）に、キリストの断食をしのんで数日間節食する習慣がありました。小斎日とも言います。

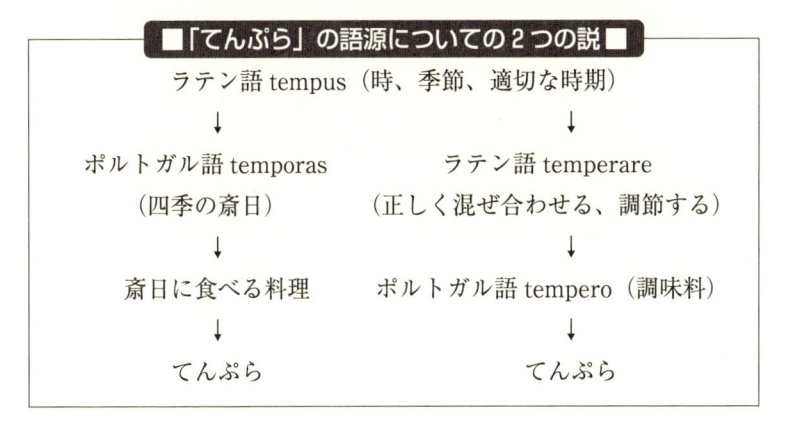

■「てんぷら」の語源についての２つの説■

ラテン語 tempus（時、季節、適切な時期）

↓　　　　　　　　　　↓

ポルトガル語 temporas　　　ラテン語 temperare
（四季の斎日）　　（正しく混ぜ合わせる、調節する）

↓　　　　　　　　　　↓

斎日に食べる料理　　ポルトガル語 tempero（調味料）

↓　　　　　　　　　　↓

てんぷら　　　　　　てんぷら

13 hay fever は hay のせい？

　毎年春になると大騒ぎが繰り広げられる花粉症——この言葉を聞いただけで憂鬱になる人もいるでしょうが、この「花粉症」は英語で何と言うのでしょう？

　それは一般に hay fever と呼ばれています*。ふーん、と首をかしげる人もいるかもしれませんね。hay は「干し草」、fever は「熱病」ですから、文字通りには「干し草の熱病」です。でも干し草が花粉症と関係あるようには思えませんし、第一それは熱病ではありません。どうしてこんな名前が付いたのでしょうか？

事の起こり

　19世紀の初頭、ロンドンに住む医師 John Bostock は、毎年夏になると自分の体に風邪に似た症状が現れることを気にしていました。彼はそれを an unusual train of symptoms（一連の尋常ならざる症状）と表現しています。具体的には、鼻からのどにかけて痛みやかゆみをおぼえ、くしゃみ、鼻水、鼻詰まりなどが止まらなくなる、というものでした。彼はこれを catarrh［カターア］（カタル）の一種として学会に発表し、それ以降この病気は Bostock's summer catarrh（ボストックの夏カタル）と呼ばれるようになりました。カタルというのは「粘膜細胞に炎症が起きて、多量の粘液を分泌する状態」のことです。

　ボストックをはじめとする医師たちは、当初、その原因が日光、急激に訪れる初夏の熱気、空気中のオゾンなどにあるのではないかと考えていましたが、一方でイギリスの農民たちはこれを hay fever と呼び始めていました。夏場、牧草を刈り取ってサイロに収納する際、くしゃみや鼻づまりなどに悩まされる人のいることを彼らは知っていた

のです。feverという言葉は確かに間違っています。でも、花粉症の人なら身に覚えがあると思いますが、この症状が高じると体が何やら熱っぽくなりますね。

1830年ごろ、ロンドン大学医学部のJohn Elliotson博士は、1人の女性患者の示唆に基づいて調査を行い、hay feverがある種の草花の花粉によって引き起こされることを発見しました。医学界もようやく「ボストックのカタル」の真の原因にたどりついたのです。

hayとは何か？

今日では、hay feverは植物のpollen（花粉）が引き起こすallergy［**アラージィ**］（アレルギー）であることが分かっていますが、hayにはallergen［**アラージェン**］（アレルギーを引き起こす物質）が含まれているのでしょうか？　そもそもhayとは何なのでしょう？

英英辞典によると、hayとはdried grasses and other foliage used as animal feed（動物の飼料として用いられる乾燥した草や葉）のことであり、定義上は植物の種類を問いませんが、実際にはhayに用いられる植物は限られています。主なものとしてはclover（クローバー）、alfalfa（アルファルファ）、timothy（オオアワガエリ）、ryegrass（ライグラス）が挙げられるでしょう。このうち、cloverとalfalfaはマメ科、timothyとryegrassはイネ科です。問題はイネ科である後者の2つで、今日、北ヨーロッパにおける花粉症の最大の原因はそれらの花粉であると考えられています**。飛散するのは6月から8月の初めごろにかけてです。hay feverはhayによるもの、とした農民たちの直感は正しかったのですね。

hay以外のhay fever

さて、ヨーロッパからアメリカに目を転じると、状況はかなり異なったものになります。花粉症はアメリカでも猛威を振るっているのですが、timothyやryegrassなどのイネ科の植物はあまり問題視さ

れていません。アメリカにおける花粉症の最大の原因は、ragweed と呼ばれるキク科の雑草の花粉だと考えられているのです。

　ragweed は和名を「ブタクサ」と言います***。原産地である北アメリカにはその花粉が届かない地域はなく、アメリカ人の 10〜15 パーセントがそれに対するアレルギーを抱えているとも言われています。ragweed は hay の材料には用いられませんので、これによるものを hay fever と呼ぶのはおかしいのですが、アメリカ人も平気でこの言葉を使っています。なお ragweed の花が咲くのは 7 月の初めから 8 月の中旬にかけてです。

　樹木の花粉にもアレルギー症状を引き起こすものがいくつもありますが、中でも最も問題視されているのが birch（カバノキ）です。birch は寒冷地に育つ木で、北欧やカナダに多く、これらの地域では花粉症の最大の原因とされています。これとは逆に温暖地に育つ olive（オリーブ）の花粉も allergen で、地中海地方では最も恐れられています。この 2 つ以外にも、alder（ハンノキ）、willow（ヤナギ）、poplar（ポプラ）、そして cedar（スギ）などの花粉がアレルギーを引き起こす可能性を持っています。

　そう、私たち日本人にとっては花粉症の代名詞になっている「スギ花粉症」は、世界的にはごくマイナーなものと考えられているのですね。不思議なことだとは思いませんか？

＊正式には pollinosis と言いますが、一般には使われません。
＊＊イネ自体の花粉は allergen ではありません。
＊＊＊セイタカアワダチソウとは別物です。

14 Oh, my God!

Oh, my God！や God！、Jesus！、Jesus Christ！といった言葉を聞いたことがあると思います。驚きを表す間投詞で、日本語の「おやおや」、「まあ」、「まさか」、「うーん、そうだったのか」に相当します。

でも、これらの言葉は、神に祈っているわけではないのに、神の名を口にしていることになりますね。これはキリスト教の立場からすれば決して好ましいことではありません。英米の子供たちは昔からこれらの言葉を口にしてはいけないと教えられてきました。

というわけで、これらには言い換えの言葉が用意されています。God！の代わりに Gosh！［**ガッシュ**］と、Jesus！の代わりに Gee！［ジー］と言うのです。Oh, my God！と言わずに Oh my！で止める、というのもあります。

Goodness！も God！の言い換えの1つです。goodness は本来 good の名詞形ですが、God の婉曲語としても使われるのですね。ちなみに good-bye は God be with you. がなまったものですが、God が good に変わった背景には、God という語を避けようとする心理が働いていたと言われています。

宗教意識の薄れた今日では、God！や Jesus！に抵抗を感じない人が増えているようです。若い人たちの間ではそれが普通かもしれません。でも、外国人である日本人がこれらの言葉をまねして使うのは考え物です。

驚きを表す間投詞に Holy mackerel！という奇妙な言葉があります。Holy mackerel, you won！は「うわあ、きみの勝ちだ！」という感じです。mackerel［**マカロー**］は魚の「サバ」ですが、ここでは全く意味を持っていません。Holy mackerel！以外にも Holy cow！、Holy cat！などがありますが、これらも単に「おやおや」、「まあ」です。

ののしりの間投詞としてよく使われるのがShit!です。例えば、うっかり車を壁にこすって傷をつけてしまったとき、運転手はOh, shit!と叫ぶかもしれません。女性でも使うことがありますから、日本語の「くそ！」ほどには汚い言葉ではないのかもしれませんが、だからといって日本人がまねしていいということにはなりません。

　Shit!よりも強いのがGoddamnit![**ガッダミット**]です。これはGod damn it!をくっつけたもので、文字通りには「神がそれを罰しますように」ですが、実際には「こんちくしょう！」といったニュアンスで使われます。

文中の hell について

　hellという言葉が会話の文の中にまぎれ込むことがよくあります。Where the hell are you now?（おまえは今どこにいるんだ？）といった調子です。the hellを抜いても文の意味は変わりませんが、これが入ることによって全体が強調されるのです。

　またGet the hell off my land!（俺の土地からとっとと失せろ！）では、hellには怒りの気持ちが込められます。

　なお、hellにはheckという言い換えの言葉があります。例えばa hell of a〜（すごい、どえらい）は、a heck of a〜とすれば無難な言い方になります。

damn、goddamn について

　damn、goddamnもしばしば文中にまぎれ込みます。例えばI know damn well what she's trying to do.（彼女が何をしようとしているのか、俺はよく知っているさ）では、damn wellはvery wellと同じ意味に使われています。

　ある女性が、大きなパイをむしゃむしゃ食べている弟に、You eat like that, and never gain a goddamn ounce.（こんなに食べても、あんたは1オンス［約28グラム］だって太らないんだから）と言った

としても、彼女は goddamn が形容している ounce に不満を持っているわけではありません。goddamn は全体を修飾しているのですね。

damn は明確に良い意味にも使われます。Damn right.(そのとおり)、Damn good show, that one.(すげえいい映画だぜ、あれは)といった調子です。

fucking について

fucking も damn と同じように使われます。例えば Are you out of your fucking mind?(あんたは気でも狂ったのかい?)の fucking は、話者の怒りを示しています。fucking はリズムが良くて、つい使ってみたくなりますが、使う場面を間違えれば相手を怒らせることにもなりかねません。一発食らってはたまりませんね。

旅先の町に着いたとたん、大雨に見舞われ、びしょ濡れになった男性は、I should have brought fucking scuba gear!(潜水服を持ってくるべきだったよ!)と言うかもしれません。ここでも、彼は scuba gear に恨みがあるわけではなく、雨をののしっているのです。

Will somebody give me a fucking hand?(誰か手を貸してくれ!)の fucking は怒りや苛立ちを表すものではありません。「とにかく急いでくれ」という気持ちを込めているのです。Get out of the fucking bed right now and come with me.(すぐに起きて一緒に来てくれ)の fucking も、緊急事態であることを伝えるために挿入されています。

文中の shit について

shit も強調の言葉として使われることがあります。It bored the shit out of me. は「それにはほとほと退屈したぜ」というほどの意味です。Well, I guess you're just shit out of luck.(あんたはえらくついてないようだな)の場合、shit には皮肉が込められています。

ass について

ass は「尻」という意味ですが、しばしば変わった形で使われます。Tell him to get his ass down here on the double. はどんな意味だと思いますか？ on the double は「2倍の速さで」→「急いで」です。his ass は強いて言えば himself で置き換えることができるでしょうか。つまりこの文は Tell him to get himself down here as soon as possible. で、「大至急ここへ来るよう彼に言ってくれ」という意味になります。

You'd better get your ass down to Virginia and win her back. はどうでしょうか？ 「おまえはヴァージニアまで出かけて行って、彼女を取り戻さなくちゃならんな」です。

■驚きの言葉、ののしりの言葉──まとめ■

Oh, my God !　　God !	おやおや、まあ、まさか
（言い換え　Oh my !　　Gosh !　　Goodness !）	
Jesus !　　Jesus Christ !	おやおや、まあ、まさか
（言い換え　Gee !）	
Holy mackerel !　　Holy cow !　　Holy cat !	
	おやおや、まあ、まさか
Shit !	くそ！、しまった！
Goddamnit !	こんちくしょう！

■文中にまぎれ込んだののしりの言葉──例■

Where the hell are you now ?（おまえは今どこにいるんだ？）

I know damn well what she's trying to do.（彼女が何をしようとしているのか、俺はよく知っているさ）

Are you out of your fucking mind ?（あんたは気でも狂ったのかい？）

Tell him to get his ass down here on the double.（大至急ここへ来るよう彼に言ってくれ）

15 英語の小説を原文で読む①
The Catcher in the Rye
by J. D. Salinger

　J. D. Salinger（1919-）の小説 *The Catcher in the Rye*（1951年）は言わずと知れた20世紀アメリカ最大のベストセラーです。もちろん日本語にも翻訳されていますが（邦題は『ライ麦畑でつかまえて』）、ここでは原文で読むことにこだわってみたいと思います。この小説を文学作品として味わうと同時に、「20世紀後半のアメリカの口語を忠実に映し出している」と言われるその文体にじかに接して欲しいからです。ではまず、その文体の特徴から見てみることにしましょう。

Holden にとっての phoney

　この小説を原文で読むとき、私たちがまず気がつくのが主人公 Holden（ホールデン）の語彙の乏しさです。同じ言葉、同じ言い回しが何度も何度も繰り返されるのですね。でもそこには独特のリズムがあり、慣れるに従ってそれはとても快いものに感じられるようになります。そう、このリズム感こそがこの作品の命なのです。

　ホールデンの口癖と言えば、and all（といったもの）、That killed me.（これには笑ってしまった、参った）、just for the hell of it（ほんの冗談で）、It knocked me out.（最高だった）などが挙げられます。if you really want to know（実のところ）や if you know what I mean（本当の話）などはほとんど意味を持ちませんが、文章に軽快なリズムを与えています。俗語としては、lousy（まずい、ひどい）、crumby［クラミィ］（くだらない、しけた）、corny（ださい）、swell（すてきな）、sore（怒った、すねた）、spooky（気味の悪い）、jerk（ばか）、bastard（ろくでなし）、dough（金）などが頻繁に登場します。

　これらの俗語の中にあって、この作品全体のキーワードの役を果たしているのが phoney（いんちきの、うそくさい）です。

phoney であるとしてホールデンの槍玉に挙がっている人物に、私立高校の校長 Mr. Haas がいます。ハース校長は、日曜日に学校にやってくる生徒の親たちを迎えに出、握手して回るような人物で、19世紀のイギリスの小説によく出てくる snob を思わせます。snob とは、重要人物を気取り、目上の者に取り入る一方、目下の者には横柄な態度を示す自称「紳士」のことです。20世紀に生きるハース校長はより洗練されていて、誰の前でも微笑みを絶やさないのですが、その笑顔の裏で相手が取り入るに足る人間であるかどうかを常に値踏みしているのです (Chapter 2)。

ホールデンが以前付き合っていた Sally Hayes も phoney の 1 人です。美人のサリーは prep school（名門私立高校）や Ivy League（北東部の名門大学）に通うエリートたちと付き合い、彼らと知的な会話を交わしては得意になっています。

ホールデンと落ち合い、一緒に観劇した後、サリーは彼をスケート場に誘います（Chapter 17）。けれどもその目的は、スケート場で貸してくれる短いスカートをはいた自分がいかに魅力的であるかをホールデンに見せつけるためだったのですね。こういう態度をホールデンは phoney と呼ぶのです。

phoney とはつまり、現代社会にあふれているエゴイズム、虚栄、ごまかし、無神経、へつらいなどをひっくるめたものです。私たちの多くはこの種のものに慣れっこになり、鈍感になっていますが、ホールデンに指摘されるとなるほどと思い、共感します。ホールデンは何が本物で何が本物でないかを私たちに見せてくれているのですね。

innocence

この小説のもう 1 つのキーワードは innocence（イノセンス、純真さ）です。innocence は子供の誰もが持っているものの、大人になるに従って失っていく「何か大切な」ものです。

この innocence を保っている人物には、ホールデンの幼なじみ Jane

Gallagherがいます。ジェインは、チェッカーをする際、king（成り駒）をいちばん奥の列に置いたまま動かさない、という変な癖を持っていますが、これは「innocenceを失うことへの恐れ」の象徴と考えられています。このジェインがプレイボーイのWard Stadlaterとデートすることになり、ホールデンが激しく動揺するのは、それによってジェインがinnocenceを失う危機に瀕するからです（Chapter 4）。

　物語の終盤には、ホールデンの妹Phoebeが登場します。フィービーは言わばinnocenceの化身であり、phoneyなるものに囲まれているホールデンにとってオアシスのような存在です。

　こっそりニューヨークの自宅に戻り、フィービーと再会したホールデンは、自分はthe catcher in the ryeになりたい、と彼女に告げます（Chapter 22）。彼は小さな子供たちがライ麦畑で遊び回っている情景を心に描いており、彼自身は畑のはずれにある崖の縁に立っています。そして彼は、if they're running and they don't look where they're going I have to come out from somewhere and *catch* them. と言うのです。子供たちが崖から落ちそうになったらつかまえて助ける者、それがthe catcher in the ryeなのですね。

　「崖から落ちる」ことが「子供たちがinnocenceを失う」ことを象徴しているのは言うまでもありません。そしてホールデンにとっては、妹フィービーのinnocenceこそ何物に代えてでも守らなければならないものです。けれども、フィービーもまたいつかは大人になっていく存在であり、ホールデンにもそれを止めることはできません。物語の最後に、公園のcarousel［キャラセル］（メリーゴーラウンド）の木馬に乗るフィービーを眺めながら、ホールデンもそのことを悟ります（Chapter 25）。木馬に乗る子供たちは、フィービーも含めて、金色の輪をつかもうとし、そのために木馬から落ちそうになります。この「金色の輪」は大人の世界の虚飾を象徴しているのですが、この輪を欲しがって落ちるなら落ちるもよし、とホールデンは達観してその様子を見ています。彼自身も遠からず大人にならなければならない

のですから。

Salinger のこと

　The Catcher in the Rye は出版の2週間後に早くもベストセラー・ランク入りを果たし、今日までに世界全体で 6500 万部の売り上げを記録しています。出版から 50 年以上が経過した今日（2009 年現在）なお年間 25 万部以上が売れているというのですから、その人気のほどが分かりますね。

　けれども、この人気とは裏腹に、本書は青少年に読ませてはならない本として多くの人々から敵視されてきました。卑俗な語に満ちていること、世間的な価値観を根こそぎ否定していることを苦々しく思う「大人たち」が大勢いたわけです。我が子にホールデンのまねをされてはたまらない、というのが彼らの本音だったかもしれません。この本は多くの図書館から追放され、1960 年にはこれを生徒たちに読ませた教師が罷免される事件も起きました（後に復職）。子供たちの innocence を守りたいというホールデンの願いとは裏腹に、世間の親たちは子供たちをこの悪書から守ろうとやっきになったのですね。

　一方ではアメリカ文学の旗手に祭り上げられ、他方では社会に害毒を流す者としてバッシングを浴びた Salinger は、ニューハンプシャー州の田舎に住み着き、人との付き合いを避け、メディアの取材も拒むようになりました。ホールデンは「自分のことを誰も知らない土地に行き、deaf mute（聾啞者）のふりをして、誰とも口を利かずに暮らしたい」と言いますが（Chapter 25）、隠遁したサリンジャーの生活はこれを彷彿とさせるものがあります。1955 年に結婚し、2人の子供に恵まれましたが、1967 年に離婚、60 年代半ば以降は作品を発表することもなく、独りでひっそりと暮らしています。サリンジャーは生きた伝説となったのです。

16 「使用人」は「家族」のはじまり？

　familyは「ファミリー・レストラン」などの形で日本語にも定着している言葉で、ほのぼのと温かい何かが感じられます。「家族」ですものね。

　このfamilyはラテン語familiaに由来する語です。familiaと言えば、かつて「ファミリア」という名前の車がありました。「家族で仲良く乗る車」というイメージでしょうか。

　ではラテン語辞典でfamiliaの項目を引いてみましょう。そこにはまずservants of a household、次いでhousehold（世帯）という意味が載っています。つまり、古代ローマでは、familiaは「使用人」という意味で、主人に仕える人々を総称する言葉だったのです。その「仕える人」には主人の妻や子供も含まれており、大きな意味ではある種の家族と言えなくもありませんでしたが、それは支配する側とされる側がはっきり区別された「家族」であり、「ファミリー・レストラン」の「ファミリー」とはおおよそかけ離れたものでした。

主人 dominus

　さてこのfamiliaを支配する「主人」はラテン語でdominusと言いました。このdominusから生まれた英単語にはdominate（支配する）やdominion（支配権、領土）などがあります。

　dominusは「domus（家）の主」という意味ですが、このdomusはdome（ドーム）やdomestic（家庭の、国内の）などの英単語の語源となっています。

　ちなみに「政界のドン」といった奇妙な日本語にもなっているスペイン語のDonは、名家に生まれた男性の洗礼名につける敬称で、例としてDon Quixote（ドン・キホーテ）やDon Juan（ドン・ファン）

が挙げられます。この Don が dominus の短縮形であることは容易に想像できるでしょう。また Don のイタリア語の女性形 Donna（スペイン語では Dona）に「私の」を意味する ma がついたのが Madonna で、my lady の意味から「聖母マリア」を指すようになりました。

なお madam（奥様）の本来の形は ma dame ですが、この dame も dominus の女性形 domina（女主人）からきています。

そして実は danger（危険）もこの dominus に由来する語です。語形はかなり変化していますが、その変化はフランス語を経由するうちに生じたものです。その意味は「領主の家臣に対する権力」→「危害を加え得る力」→「危険」と推移しました。封建時代には、領地も、領民も、すべて領主の個人的な財産であり、領主は領民の命を奪う権利すら持っていました。領民にとって領主は危険きわまりない存在だったのです。

奴隷 servus

古代ローマの familia の中で最も地位が低かったのが servus すなわち「奴隷」でした（女性の場合は serva）。ローマ帝国に滅ぼされた地域の人々が捕虜としてローマに送られ、奴隷になったことはよく知られていますね。

さてこの servus から servir（仕える）という動詞が生まれ、この servir から英単語の serve（仕える）が生まれました。語形はほとんど変わっていません。

deserve（〜に値する）はこの serve に接頭辞 de がついた形です。de はさまざまな意味に使われますが、ここでは「十分に」の意味です。ですから deserve の原義は「十分に仕える」で、そこから「価値のある」になりました。勤勉に働く奴隷、主人にとって好都合な奴隷が「deserve である」と言われたわけです*。

dessert（デザート）もこの仲間に入ります。dessert は des+sert という構成の語で、接頭辞 des は dis（反対の、離れて）の変化形、

sert は servir が変形したものです（フランス語の過去分詞の形です）。その当初の意味は to remove what has been served（食事として出されていたものを下げる）でした。つまり、dessert は「食事の終わりを告げるもの」という意味だったのですね。

ついでに dessert とよく間違えられる desert（砂漠）の由来を紹介しておきましょう。

desert はラテン語 serere（結ぶ）に接頭辞 de（ここでは「離れて」の意味）がついた形で、「結びを断つ」が原義です。sert という形は serere の過去分詞 sertum に由来します。その意味は「結びを断つ」→「見捨てる」→「見捨てられた」→「不毛の」→「砂漠」と変遷しました。「砂漠」の desert と「見捨てる、脱走する」の desert は辞書では別の語として扱われますが、上記の変遷から分かる通り、本来は同じ語です。

*reserve、preserve、conserve、observe なども serve を含んでいますが、これらはラテン語 servare（保つ、守る）に由来するもので、serve とは別語源です。

■悲しい民族の歴史■

ラテン語では「奴隷」は servus ですが、英語では「奴隷」は slave と言いますね。この slave は servus とは無関係で、ラテン語 Sclavus に由来します。Sclavus はいわゆる Slav（スラブ）のことで、本来は今日のクロアチア周辺に相当する地域の名前でした。ところが、ビザンチン（東ローマ帝国）時代にこの地域の人びとが多数捕虜となり、奴隷にされたことから、いつのまにか Sclavus は「奴隷」の意味になってしまいました。そこに悲しい民族の歴史が込められてはいないでしょうか？

17 アメリカの政治制度

　私たち日本人は、アメリカ合衆国の政治制度について、一般にどの程度の知識を持っているでしょう？　大統領選挙に関すること以外はあまり知らない、というのが実情ではないでしょうか。ここでアメリカ合衆国の政治の基本的なしくみと特徴を紹介しますので、自分の知識をチェックしてみてください。

legislative branch（立法部）

　アメリカ合衆国の federal government（連邦政府）の立法部は U.S. Congress（アメリカ合衆国議会）と呼ばれ、Senate（上院）と House of Representatives（下院）の二院から成っています。

　Senate の議員すなわち senator は、州の人口とは無関係に、各州から2人ずつ選ばれます。合衆国には 50 の州がありますから、合計 100 人です。任期は6年で、約3分の1ずつ2年ごとに改選されます。

　House of Representatives の議員すなわち representative（別名 congressman）は、州の人口に比例する形で合計 435 人が選出されます。任期は2年で、全員が同時に改選されます。

　50 州の中で最も人口の多いのはカリフォルニア州（2007 年現在約 3600 万人）で、ここには 53 の下院の議席が割り当てられています。小選挙区制ですので、州が 53 の選挙区に分けられることになります。一方、最も人口の少ないワイオミング州（約 50 万人）など7つの州には、下院の議席は1つずつしか割り当てられていません。

　議席の割り振りは、上院と下院で対照的ですね。「カリフォルニアにも2人、ワイオミングにも2人」という上院の議席配分は不公平だと感じる人もいるでしょうが、当初はそれぞれ独立していた州の連合体としての合衆国ですから、「人口の少ない州にも同等の発言権を

与える」というのは理にかなっています。senatorは州全体の代表、representativeは各地域の代表と言えるでしょう。

　上院と下院ではどちらが強いのでしょう？　それは一概には言えません。予算案を含めたbill（法案）の審議については、上院と下院は完全に対等です。それ以外に、例えば上院が外国との条約締結の同意権を持つなど、その権限に多少の違いがありますが、重大な差ではありません。とは言っても、senatorは選挙区が州全体であり、しかも6年と任期が長いことから、その個人的な政治力はrepresentativeのそれよりも強いものになる傾向があります。

executive branch（行政部）

　行政部の長はもちろん合衆国大統領です。大統領は西暦年数が4で割り切れる年の11月に選挙で選ばれ、翌年の1月20日に就任します。任期は4年で、同じ人が合計2期まで務められます。

　アメリカでは、三権分立の精神のもと、立法部と行政部が明確に分けられています。まず、行政部の構成員は議員にはなれません。また、議会で選ばれるわけではない大統領は、議会の決定に従う必要はなく、逆に議会の解散権も持ちません。さらに、すべての法案は議員が提出することになっています（実質的には行政部が準備することが多いのですが）。そして大統領の所属する党が議会の与党である場合ですら、大統領の推す法案が議会によって否決されることもあります。

　両院を通過した法案は大統領のもとに送られます。大統領がこの案に反対する場合は、それをveto（[**ヴィートウ**]：拒否）し、議会に送り返すことができます。この場合、両院がそれぞれ3分の2以上の賛成でこの法案を再可決すれば、大統領の拒否をoverrideして（覆して）、法律として成立させることができます。

　大統領は2000人にのぼる行政部の職員を任命しますが、その中で最も地位の高いのが15あるdepartment（省）の長官です。日本の内閣に相当するCabinetは、これらの長官と数人のadministration（政

府機関）の長で構成されています。

　省の長官は、Department of Justice（法務省）の長がAttorney General を名乗る他は、すべてSecretaryと呼ばれます。Secretary of State（国務長官：外交担当）、Secretary of the Treasury（財務長官）、Secretary of Defense（国防長官）などです。長官に「秘書」の名が付いていることには違和感を覚える人もいるでしょうが、secretaryという言葉はもともとは「秘密に関与する人」という意味で、昔のイギリスでは王の補佐をする「大臣」を指していました。長官である前に大統領の部下であるという趣旨でのSecretaryなのですね。

Judicial branch（司法部）

　合衆国の全国レベルの裁判所はfederal courts（連邦裁判所）と呼ばれています。連邦裁判所はSupreme Court（最高裁判所）、全部で13あるcourts of appeals（控訴裁判所）、94あるdistrict courts（地域裁判所）の3段階から成っています。

　合衆国にはこれ以外に州レベルの裁判所があり、それもやはり3段階から成っています。こちらは州法にかかわる裁判を担当します。

　アメリカの司法制度の最大の特徴は、どの裁判所も、国の法律、州の法律、あるいは国の締結した条約が合衆国憲法に違反していないかどうかを判断する権限を持っている点です。とりわけ連邦の最高裁判所の判定は重要で、大統領ですらそれに従わなくてはなりません。歴史的には、裁判所によるこの違憲立法判決が何度もアメリカの政治を左右してきました。

アメリカの政党政治

　アメリカの政治はDemocratic Party（民主党）とRepublican Party（共和党）の二大政党によって運営されています。二大政党政治は、選挙に1区1名の小選挙区制が採用されていることの必然的な結果と言えるでしょう。

けれども、選挙が終わり、議院での活動が始まると、議員たちは所属政党の決定よりも自分を選んだ選挙民の利害を優先させて投票する傾向を持ちます。この政党を超えた投票活動は cross-voting（交差投票）と呼ばれ、アメリカの議会政治の大きな特徴となっています。

ある意味で無党派的なこの政治形態のおかげで、アメリカの議員は強い個人的な権限を持つに至っていますが、そのことは lobbying（陳情運動）と呼ばれる政治活動を育む温床にもなっています。アメリカにはいくつもの pressure group（圧力団体）があり、それぞれが lobbyist と呼ばれる専門家を雇って、議員に対する強硬な陳情活動を繰り広げているのです。これは昔からアメリカの政治の問題点として指摘されてきたことですが、一方には「lobbyist の活動を制限するのは政治活動の自由を損なうものだ」と反論する人々もいます。

■government とは何か？■

英語の government は主に「政治」と「政治を行う組織」の2つの意味に使われます。後者の意味では、government は一般に「政府」と訳されますが、「政府」は二重の意味で誤解を招く語です。「政府」は普通「国家の行政組織」を指しますが、government は「公的な組織や地域などを治める主体」のことで、行政部だけでなく、立法部、司法部も含み、しかも地方レベルの組織についても言うからです。

つまり、アメリカ合衆国には federal government の他に state government、county government、city government などがあることになります。それぞれの government には役割の分担があるだけで、上下関係はありません。そしてアメリカ人は「1人ひとりの市民はこれら複数の government を通して自分の持つ主権を行使する」と考えています。日本でも地方分権が叫ばれていますが、こういう意識はあまりなじみがありませんね。

18 英詩を味わう①
Dover Beach
by Matthew Arnold

19世紀イギリスの詩人・批評家である Matthew Arnold（マシュー・アーノルド）の Dover Beach という詩を鑑賞しましょう。

DOVER BEACH （ドーヴァー海岸）

The sea is calm to-night.
The tide is full, the moon lies fair
Upon the straits; – on the French coast the light
Gleams and is gone; the cliffs of England stand,
Glimmering and vast, out in the tranquil bay.
Come to the window, sweet is the night-air!
Only, from the long line of spray
Where the sea meets the moon-blanch'd land,
Listen! you hear the grating roar
Of pebbles which the waves draw back, and fling,
At their return, up the high strand,
Begin, and cease, and then again begin,
With tremulous cadence slow, and bring
The eternal note of sadness in.

Sophocles long ago
Heard it on the Ægæan, and it brought
Into his mind the turbid ebb and flow
Of human misery; we
Find also in the sound a thought,
Hearing it by this distant northern sea.

18 英詩を味わう① Dover Beach by Matthew Arnold

The Sea of Faith
Was once, too, at the full, and round earth's shore
Lay like the folds of a bright girdle furl'd.
But now I only hear
Its melancholy, long, withdrawing roar,
Retreating, to the breath
Of the night-wind, down the vast edges drear
And naked shingles of the world.

Ah, love, let us be true
To one another! for the world, which seems
To lie before us like a land of dreams,
So various, so beautiful, so new,
Hath really neither joy, nor love, nor light,
Nor certitude, nor peace, nor help for pain;
And we are here as on a darkling plain
Swept with confused alarms of struggle and flight,
Where ignorant armies clash by night.

　この詩は4つの段落から成っていますが、その調子は段落ごとに異なっています。とりわけ、ロマンチックな雰囲気の第1段落と、しだいに陰鬱さを増していく第2段落以下には大きなギャップが感じられます。
　第1段落は「今宵海は静かだ」という言葉で始まっています。潮は満ち、海峡には月がかかって、フランス側の海岸には明かりもまたたいています。
　6行目で、語り手は「窓辺においで」と誰かに語りかけます。アーノルドはこの作品を40歳代半ばに発表していますが、実際に書いたのはそれよりずっと以前だったろうと言われています。おそらく彼

は、新婚旅行で訪れたドーヴァー海岸のホテルで、新妻を窓辺に誘いつつ海を眺めているのでしょう。ロマンチックですね。

けれども、やがてそこに不協和音が響き始めます。9行目の grating roar（きしるような轟き）です。ドーヴァー海岸は小石の浜で、波が引いては（draw back）寄せるとき（At their return）にその小石が岸辺に叩きつけられ、シュッシュッという音が立つことを背景としています。夏目漱石は、『文学論』の中で、穏やかな海辺の情景と荒々しい響きを持つ grating roar には断絶がある、と述べていますが、その断絶はこの詩の後半部分の予兆なのかもしれません。

そしてこの段落の最後に、寄せては返し、返しては寄せる波の音が「永遠の悲しみの調べ」（The eternal note of sadness）をもたらす、という表現が出てきます。ロマンチックなムードを打ち破るひと言で、この詩の大きな転換点となっています。

第2段落は、悲劇詩人ソポクレース（ソフォクレス）もこの悲しみの調べに耳を傾け、果てしなく繰り返される人の世の惨めさに思い至ったに違いない、という言葉で始まります。ソポクレースと言えば、『オイディプス王』などの、人々の骨肉の争いを描いた凄惨な物語で知られていますね。そして、それをきっかけに、アーノルドの心にもある思いが浮かびます。

その思いの内容が第3段落です。かつては「信仰の海」（The Sea of Faith）がこの世の岸辺を「明るい帯」（the folds of a bright girdle）のように取り巻いていたが、今聞こえるのは陰鬱な引き潮の轟きだけだ、と言うのです。この段落の6行目以下は、この引き潮の轟きが、「夜風の息吹に合わせて」（to the breath ／ Of the night-wind）、この世の「荒涼とした果てしない水際」（the vast edges drear）と「むき出しの砂利の浜」（naked shingles）へと退いていく、という意味です。

この段落の最後の語である the world に注目してください。詩人の目に映っているのは、もはや単純な海辺の情景ではありません。彼が

見ているのは、かつて満ちていた「信仰の海」が引いてしまい、むき出しの小石が広がっている荒涼とした世界の姿なのです。

　最後の段落で、詩人は「ああ、愛する人よ、互いに忠実であろう！」と新妻に呼びかけます。第1段落のロマンチックな気分がよみがえって、詩は一瞬輝きを取り戻しますね。でも、2人が互いに忠実でなければならないのは、変化に富み、美しく、新鮮に思えた世界が、実は喜びも、愛も、光も、平安もないことが分かったからです。

　最後の3行は、古代ギリシャの歴史家トゥキュディデスの『戦記』に出てくる戦いを下敷きにしていると言われています。その戦闘は夜間に行われたために、戦士たちは敵と味方を区別できず（それがignorant armies の意味です）、怒号の飛び交う中、すさまじい殺戮が繰り広げられたということです。

　静かな夜の海の情景で始まるこの詩は、しだいに詩人の暗い内面を映し出すようになり、ついには戦闘のシーンに至ります。これが詩人の想像力というものでしょうか。一見平和で輝いているように見える世界が、実は苦痛と悲しみにあふれていて、どこかでは無意味な戦争も行われている、という点では、2400年前の古代ギリシャの時代も、アーノルドがこの詩を書いた19世紀も、私たちがそれを読んでいる現代も変わりないのかもしれません。浜辺にはいつも波が打ち寄せている、という点でも。

■『足長おじさん』にも…■

　Jean Webster の名作 *Daddy-Long-Legs*（『足長おじさん』）に、外に置き忘れたマシュー・アーノルドの詩集が雨に濡れ、カバーの赤い色が中に染みたため、'Dover Beach' in the future will be washed by pink waves.（Dover Beach は将来ピンク色の波に洗われるでしょう）という一節が出てきます。Dover Beach はそれだけ有名な詩なのですね。

19 「黄色い」新聞の物語

　yellow　journalism という言葉を、聞いたことがあるでしょうか？一般に「低俗で煽情的なジャーナリズム」の意味に使われます。この言葉の歴史をたどってみましょう。

　yellow journalismの歴史は、アメリカに移住したハンガリー人Joseph Pulitzer*（[**プリツァー、ピューリツァー**]）が、1870年代にセントルイス市で新聞を発行したことに始まります。それは英語を母国語としない移民を対象とした、分かり易い、娯楽性に富んだ新聞で、数年のうちにセントルイスでも有数のメディアに成長しました。そして1882年、ピューリツァーは *The New York World* という新聞を買収してニューヨークに本拠を移します。

　ピューリツァーは腐敗を正し、社会を改革することが新聞の使命だと信じていました。それ自体はもちろん称賛されるべきことだったのですが…。1883年の夏にニューヨークが熱波に襲われたとき、*World*紙の記者たちはマンハッタンの貧民街に入り込み、そこに暮らす人々の窮状を訴えました。その見出しは "Burning Babies Fall From the Roof"（焼けただれた赤ん坊が屋根から落ちてくる）といったものだったそうです。

Hearst の登場

　The New York World 紙がセンセーショナルな記事とたっぷりの娯楽性で急速に発行部数を伸ばしていた1895年、1人の風雲児がニューヨークに乗り込んできました。William Randolph Hearst です。

　ハーストは、裕福な炭鉱経営者だった父親から *San Francisco Examiner* という新聞を譲り受け、それをピューリツァーばりの大衆新聞に仕立てた人です。*Examiner* 紙についてはこんなエピソードが

19「黄色い」新聞の物語　69

残っています。

あるとき、*Examiner* 紙の記者がサンフランシスコ市内の病院に入院しました。そして彼はそこで目撃した状況に危惧を抱き、この病院を告発する記事を書きます。それは「貧しい女性たちが "gross cruelty"（すさまじい虐待）を受けている」という調子のものでした。その記事が *Examiner* 紙に掲載されると、その日のうちに病院の職員全員が解雇されたということです。ペンの威力はすさまじいものですね。

New York Journal という小さな新聞を買収してニューヨークに移ったハーストは、*World* 紙と真っ向から競合する娯楽的で煽情的な紙面を提供し始めました。その発行部数が爆発的に伸びたことは言うまでもありません。

Yellow Kid をめぐる泥仕合

ハーストがニューヨークに乗り込んできた翌年の 1896 年、*World* 紙はその日曜版に *Hogan's Alley* という comic strip（コマ割りマンガ）を掲載し始めました。鮮やかな黄色い nightshirt（男の子用の長いシャツ型のねまき**）を着た少年 Yellow Kid を主人公としたマンガです。カラーマンガの走りでした。

するとハーストは、これを描いていた漫画家を自社に引き抜き、同様の comic strip を *Journal* 紙に掲載しました。さっそく反撃に出たピューリツァーは、別の漫画家を雇い、やはり黄色い服を着た少年を主人公としたマンガを *World* 紙に掲載します。Yellow Kid をめぐる泥仕合が始まったのです。煽情的な新聞が yellow journalism と呼ばれるようになったのは、これがきっかけでした。

Spanish-American War

19 世紀の末、スペインに支配されていたキューバやフィリピンに革命の機運が盛り上がっていました。スペイン政府は強硬な姿勢でこれに臨み、キューバでは反逆を疑われた人々が大量に処刑される事件

も起きました。アメリカ国内には「スペイン討つべし」という世論が強まっていきます。

　yellow journalism はこの主戦論を大いに煽りました。戦争の危機が高まった 1898 年 2 月 15 日、ハバナ湾に進出していたアメリカ海軍の軍艦 Maine 号が爆発し、沈没すると、その原因が不明だったにもかかわらず、*World* 紙、*Journal* 紙等はこれをスペインの工作によるものと断定し、強い調子で開戦を促しました。この時期のエピソードとして有名なのが次の話です。

　Journal 紙は 1 人の画家をキューバに送り込んでいましたが、ある日、この画家が「キューバは平穏で、戦争は起こらないだろう」と打電してきました。するとハーストは Please remain. You furnish the pictures and I'll furnish war.（そこにいて、絵を描いてくれ。私は戦争を作るから）と返電したと言われています。

　アメリカの大統領 William McKinley は 1898 年 4 月 20 日にスペインへの宣戦を布告し、Spanish-American War（米西戦争）が始まりました。その 1 週間後、ハーストの *Journal* 紙の見出しには How Do You Like the *Journal's* War ?（ジャーナル紙の戦争はいかが？）という言葉が踊ったということです。

　けれども本当に yellow journalism が米西戦争を演出したのでしょうか？ *Journal* 紙や *World* 紙が戦争の片棒を担いだことは確かです。けれども両紙とも一介の地方新聞に過ぎず***、アメリカ人の大部分はその存在すら知りませんでした。また最終的な決定を下したマッキンリー大統領も、大衆紙である *Journal* 紙や *World* 紙は読んではいなかったと言われています。I'll furnish war. というハーストの言葉は空威張りの域を出なかったのですね。

　米西戦争は、アメリカがスペインからキューバやフィリピンの利権を奪う戦争でした。歴史的には、帝国主義の担い手が旧勢力から新勢力に移行する象徴的な出来事だったと言われています。yellow journalism はその大きなメカニズムの 1 つの歯車として機能したに過ぎませ

yellow journalism のその後

　米西戦争が終わり、20世紀が始まると、*World* 紙と *Journal* 紙の競争も下火になっていきます。ハーストは政界入りに情熱を燃やし、それに伴って *Journal* 紙も政治色を強めていきます。一方のピューリツァーはセンセーショナリズムに傾いた自分を恥じ、*World* 紙をより健全な方向に戻していきました。

　ハーストが亡くなって23年後の1974年、ハーストの孫娘 Patricia Hearst が過激派に誘拐されるという事件が起きました。洗脳された彼女が過激派の企てた銀行強盗に加わったことから、ハースト一族は当時の yellow journalism の格好の餌食となったのでした****。

* ピューリツァーの死後、その遺言をもとに有名なピューリツァー賞が創設されました。
** それは nightshirt ではなく dress だった、と言う人もいます。当時の男の子は女の子と同じような dress を着ていたそうです。
*** 有名な *New York Times* や *Washington Post* を含め、アメリカの新聞の大部分は地方新聞です。
**** パトリシアは逮捕され、懲役35年の判決を受けましたが、恩赦によって1年足らずで刑務所を出所しました。その後は普通の人生を歩み、女優として映画にも出演しているそうです。

■ *Citizen Kane* ■

　Orson Wells の映画 *Citizen Kane*（『市民ケーン』、1951年）はウィリアム・ハーストをモデルにしていると言われており、その中には上述の You furnish the pictures and I'll furnish war. に酷似したせりふが出てきます。

20 「客人」と「敵」を分けるものは？

　hospital は何人もの医師が勤務する大きな医療施設ですね。1人の医師が運営する clinic（診療所）を専門店に例えるなら、hospital（病院）はさまざまな売り場からなるデパートということになるでしょう。

　けれども、hospital は clinic が拡大する形で生まれたものではありません。中世までは、hospital は巡礼や旅人のための宿泊所、あるいは貧困者を収容する「救貧院」を指していました。それらはしばしば修道院などの宗教団体によって運営され、monk（修道士）や nun（修道女）が人々の世話にあたっていたのです。

　この hospital は 16 世紀の半ばから「病院」の意味に使われるようになりました。このころから、hospital は全般的な救護施設から専門的な医療施設へと移行していったのです。けれどもイギリスでは、今日でも、hospital が孤児院や養老院などの「慈善施設」の意味に使われることがあります。

hospes（客人、客人をもてなす者）

　この hospital はラテン語 hospes（客人、客人をもてなす者）の形容詞形 hospitalis（もてなしの良い）から生まれた語で、「巡礼や旅人のための宿泊所」がその最初の意味でした。hospitality（歓待、ホスピタリティー）や hospitable（もてなしの良い、客人を歓迎する）も hospitalis から生まれた語です。

　hospes に由来する語としては、他に hospice（ホスピス）が挙げられます。hospice もかつては「宗教団体の運営する宿泊施設」を指していました。例えば、イタリアとスイスの国境にあるグラン・サンベルナール峠（標高 2472 メートル）には、Saint Bernard と呼ばれる hospice がありますが、これはもともとこの峠を越えて旅する人々のた

めの宿泊施設でした。この hospice で飼育されていた大型犬は、遭難した旅人の捜索に参加し、大勢の人の命を救ったと言われています。この犬は、この hospice にちなみ、St. Bernard（セント・バーナード）と名付けられました。

今日、hospice は「ターミナルケアを行う施設」の意味に用いられますが、この種の施設が世界的に広まったのは 1960 年代以降のことです。

hotel もまた hospes に由来する語です。もともとは hostel とつづられていたものが、s が脱落して今日の形になりました。hostel も youth hostel（ユースホステル）という言葉に残っていますね。hotel も、hostel も、「客人をもてなす者」という hospes の当初の意味を保っています。

そしてもう 1 つ、host（主人［役］、ホスト）もまた hospes から生まれた語です。

hostis（見知らぬ者）

さてこの hospes は同じラテン語の hostis（見知らぬ者）に由来する語です。古代のギリシャやローマには、外国から旅してきた人々を歓待し、宿泊させる習慣がありましたが、その「見知らぬ者をもてなす」習わしが hospes という語を生んだのです。

hospes が「客人」と「客人をもてなす者」の両方の意味を持っていたことに注目してください。そこでは「もてなす側」と「もてなされる側」が区別されていません。もてなす側も、ひとたび自分が旅に出ればもてなされる側に回るのであり、お互い様なのですね。この友愛の精神は、前述の hospitality や host にはもちろんのこと、hospice にも、hospital にも、hotel にも生きていると言えるでしょう。

けれども、見知らぬ人が必ずしも客人として迎えられるとは限らないのが世の常です。見方によっては「見知らぬ人」は「よそ者」であり、一歩間違えば敵になるかもしれない人なのですね。hostis（見知

74

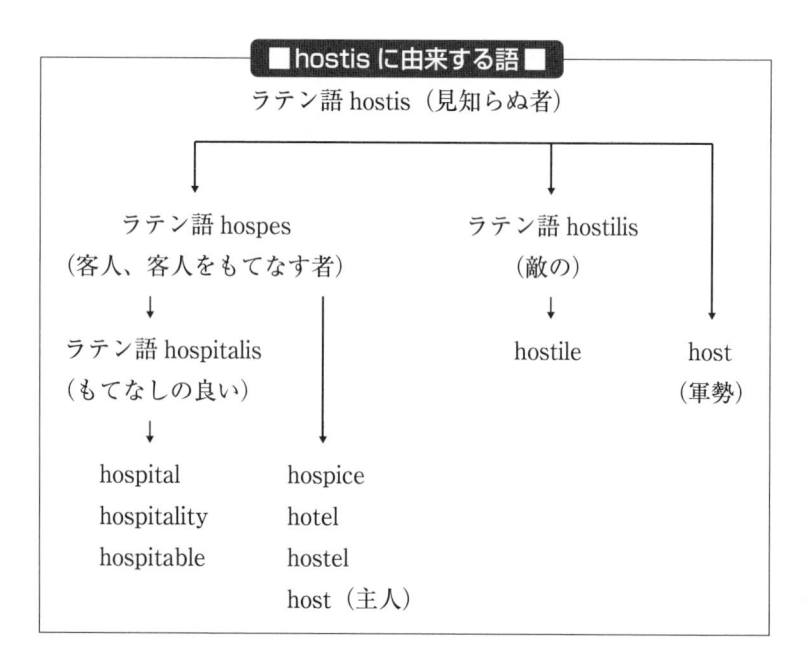

もてなす側　もてなされる側　もてなされる側　もてなす側

hospes　hospes　hospes　hospes

- hospitality
- host
- hospice
- hospital
- hotel

にも 生きてます！

■hostis に由来する語■

ラテン語 hostis（見知らぬ者）

ラテン語 hospes
（客人、客人をもてなす者）

↓

ラテン語 hospitalis
（もてなしの良い）

↓

hospital
hospitality
hospitable

hospice
hotel
hostel
host（主人）

ラテン語 hostilis
（敵の）

hostile

host
（軍勢）

らぬ人）から hostilis（敵の）という語が派生したことには、そのような心理が作用していました。この hostilis からは、英単語 hostile（敵意のある、敵の）とその名詞形 hostility（敵意）が生まれています。

さて、host という語を英和辞典で引いてみてください。「主人（役）」の host の他に、もう1つ「群れ、軍勢」という意味の host が出ているでしょう。後者の host は hostis に由来するもので、その意味は「敵」→「敵軍」→「群れ、軍勢」と変化しました。

以上の説明でお分かりいただけたと思います。意味は正反対ながら形がよく似ている hospitality と hostility は、実は同じ hostis（見知らぬ人）に由来する語だったのです。「見知らぬ人」は「客人」にも「敵」にもなり得る、ということが顕著に示されてはいないでしょうか。

■人質は相手への信頼の証か？■

hostage（人質）もやはり hospes に由来する語で、その意味は「客人」からスタートしています。

古代ギリシャ・ローマの部族社会では、部族間の友好関係を維持するため、しばしば族長の家同士が姻戚関係を結びました。これは hostage の交換に他なりませんでしたが、それは相手に対する信頼の証として身内の者を差し出す、という意味を帯びていたと言われています。「人質」すなわち「客人」だったのですね。

でも、相手を本当に信頼していないから人質の交換が必要になる、と言うこともできるでしょう。日本の戦国時代にはこの種の人質の交換がよく行われましたが、それはとても「信頼の証」と呼べるものではありませんでした。「客人」はとても心細い思いをしたに違いありません。

現代では、テロリストが、あるいは単なる犯罪者が hostage を楯に立てこもる、という事件も起こっています。この hostage は「客人」からはずいぶん遠いところに来てしまいましたね。

21 体調不良の英語

痛みや身体の不調を訴える英語の表現をまとめてみましょう。

痛みを訴える

痛みを訴える表現には、① have a pain in〜、② have…ache、③〜hurt などがあり、I have a pain in my lower back.（腰に痛みがある）、I have a stomachache.（胃が痛い）、My head hurts.（頭が痛い）のように言います。

have a sore〜は主にけがや炎症などによるヒリヒリするような痛みを表します。I have a sore finger.（指が痛い）、I have a sore throat.（のどが痛い）といった具合です。a shoe sore は「靴ずれ」です。

have a stiff〜は主に筋肉痛を表します。「私は肩がこっている」は I have a stiff neck. と言えばいいでしょう。「こり」は主に neck について訴えるのが英語圏の習わしです。

痛みの種類には、a sharp pain（刺すような痛み）、a dull pain（鈍い痛み）、a terrible pain（激しい痛み）、a piercing pain（突き刺すような痛み）、a throbbing pain（ズキンズキンする痛み）、a tingling pain（チクチクする痛み）などがあります。

気分の悪さを訴える

気分の悪さを訴える表現には、次のようなものがあります。

I feel sick. （私は気分が悪い。吐き気がする）

I feel like vomiting. （私は吐き気がする）

I have a hangover. （私は二日酔いだ）

I'm having trouble breathing. （私は息が苦しい）

My chest feels tight. （私は胸が苦しい）

I have morning sickness. （私はつわりがある）

morning sickness は、正確には「妊娠初期に見られる朝方の吐き気」のことですが、つわり一般を指す言葉としても用いられます。

風邪気味であることを訴える

風邪（かぜ）は a cold と言い、influenza（インフルエンザ）とは区別します。influenza は、flu と略す場合は、普通 the をつけて the flu とします。

I have the flu. （私はインフルエンザにかかっている）

I feel a chill. （私は寒気がする）

I have a bad cough. （私はひどく咳が出る）

I'm a little feverish. （私は微熱がある）

I have a head cold. （私は鼻風邪をひいている）

「鼻詰まり、くしゃみ、頭痛」などを特徴とするいちばん普通の風邪は、日本では「鼻風邪」と言いますが、英語では head cold です。

皮膚病、外傷など

「発疹」は一般に a rash と言います。「かぶれ」は a skin rash、「じんましん」は a nettle rash です。また「吹き出物、にきび」は a spot, a pimple あるいは acne［アクニ］と言います。

I have a rash on my neck. （首に発疹ができている）

Pimples have broken out on my face. （顔ににきびができた）

「かゆみ」は an itch、「かゆい」は itchy です。「私は背中がかゆい」は I feel itchy around my back. のように言います。

「腫れる、むくむ」には swell（up）あるいは be swollen を使います。My face is swelling up.（顔が腫れかかっている）、My legs are badly swollen.（両足がひどくむくんでいる）のようにです。

「ねんざする」は sprain、「ねじる、ひねる」は twist、「すりむく」は scrape あるいは graze、「打ち傷をつける」は bruise［ブルーズ］と

言います。「左手の親指を突き指した」はI sprained my left thumb.、「ひざに打ち傷をつけた」はI bruised my knee. です。

打撲によってできた「あざ」はa bruise ですが、目の周りの場合は、He has a black eye.（彼は目にあざができている）のように言います。「まめ（水ぶくれ）」はa blister です。

「やけどする」は、火や熱い固体などによる場合はget burned あるいはburn oneself と、熱湯や蒸気による場合はget scalded と言います。I burned myself on the hot iron.（そのアイロンでやけどした）、I got scalded with boiling water.（熱湯でやけどした）のようにです。「やけど」はburn、scald です。

「出血する」はbleed と言います。「私の歯茎は出血している」はMy gums are bleeding. です。

「化膿する」はform pus［パス］あるいはfester と言います。The wound has formed pus.（その傷は化膿した）のようにです。

■身体の不調に関するその他の言葉■

アレルギーの	be allergic［アラージック］to〜
立ちくらみする	feel dizzy
しびれる	become numb、go to sleep
鼻が詰まった	have a stuffy nose
しゃっくり(する)	hiccup［ヒカップ］
筋肉のけいれん	a cramp
ひきつけ	a fit、convulsions
下痢	diarrhea［ダイアリーア］
不眠症	insomnia［インサムニア］
食中毒	food poisoning
高所恐怖症	a fear of heights、acrophobia［アクラフォウビア］

22 メジャーリーグ史上最強の バッターは？

メジャーリーグ・ベースボール史上最強のバッターは誰だと思いますか？ ホームラン王のベーブ・ルース、その同僚のルー・ゲーリッグ、タイ・カッブ、ジョー・ディマジオ、ミッキー・マントル、そして現代のバリー・ボンズなどの名前が挙がると思いますが、その中でいったい誰がいちばんなのかは、単なる印象で決めることはできません。裏付けとなる数字が必要です。

野球の世界では、伝統的に batting average（打率、略して BA）、home run（略して HR）の数、run batted in（打点、略して RBI）の数でバッターの優秀さを表してきました。けれどもこれらは別々の数字であり、それらを比較しただけでは史上最強のバッターの名前は浮かんできません。バッティングのさまざまな要素を組み合わせ、単一の数字で表す計算式はないものでしょうか？

実は、今日、その計算式が作られています。on-base plus slugging（略して OPS）と呼ばれるものです。

OPS

on-base plus slugging は 2 つの数字を合計したものです。その 1 つは on-base percentage（出塁率、略して OBP）、もう 1 つは slugging percentage（塁打率、略して SLG）です。

on-base percentage は次のような式で表されます。

$$OBP = \frac{H+BB+HBP}{AB+BB+HBP+SF}$$

H は hits（ヒット数）、BB は bases on balls（四球数）*、HBP は times hit by pitch（死球数）**、AB は at bats（打数）、SF は sacrifice flies

(犠牲フライ数)です。要するに OBP は、四死球も含め、バッターがどれだけ出塁したかを示す数

$$\text{OBP} = \frac{\text{ヒット数} + \text{四死球数}}{\text{打数} + \text{四死球数} + \text{犠飛球数}}$$
(出塁率)

字です。BB で出塁する能力もバッターの優秀さを示すものなのですね。一方、通常の batting average の計算では分母に加えない SF が、この式では加えられています。SF は意図的な sacrifice ではないため、凡打として扱うのです。厳しいですね。けれどももちろん、この OBP だけでバッターの優秀さを測ることはできません。OBP では single（シングルヒット）も home run も one hit と数えるため、いわゆる slugger（スラッガー、強打者）は不利になります。そこで考案されたのがあるバッターがどれだけのスラッガーであるかを測る slugging percentage です。

slugging percentage は次のような式で表されます。

$$\text{SLG} = \frac{\text{TB}}{\text{AB}}$$

TB は total bases の略で、TB＝1B＋2×2B＋3×3B＋4×HR という式で表されます。1B は single、2B は double（二塁打）、3B は triple（三塁打）、HR は home run です。home run を 4 点、triple を 3 点、double を 2 点、single を 1 点と数え、その合計を at bats で割った数字が slugging percentage なのですね。

$$\text{SLG} = \frac{\text{単打数} + \text{二塁打数} \times 2 + \text{三塁打数} \times 3 + \text{本塁打数} \times 4}{\text{打数}}$$
(塁打率)

OPS すなわち on-base plus slugging は、OBP と SLG を合計したものです。OBP も SLG も比率ですが、両者を合計した OPS はもはや比率ではなく、単なる数値です。超一流のバッターになると OPS は 1.0 を超えますが、そのこと自体に特別の意味はありません。

では、メジャーリーグの歴代のバッターの通算 OPS の上位 10 人を紹介しましょう。

■通算 OPS の上位 10 人■

選手名	OPS	プレーした期間
1. Babe Ruth	1.164	1914－35 年
2. Ted Williams	1.116	1939－60 年
3. Lou Gehrig	1.080	1923－39 年
4. Barry Bonds	1.051	1986－現役
5. Albert Pujols	1.047	2001－現役
6. Jimmie Foxx	1.038	1925－45 年
7. Todd Helton	1.023	1997－現役
8. Hank Greenberg	1.017	1930－47 年
9. Manny Ramirez	1.011	1993－現役
10. Rogers Hornsby	1.010	1915－32 年

（データは 2006 年のシーズンまで）

やはり、ベーブ・ルースが史上最強のバッターでしたね。ベーブ・ルースと言えば「ホームランか三振か」というイメージがありますが、その生涯打率 0.342 が示すように、非常にコンスタントに打つ人でもあったわけです。

3 位に入ったルー・ゲーリッグも非常に有名な選手で、Iron Horse（鉄の馬）というニックネームをつけられていました。現役末期の 1939 年に ALS（筋萎縮性側索硬化症）を発症し、1941 年に死去したことでも知られています。1920～30 年代の New York Yankees は大変なチームだったのですね。歴代 1 位のルースと 3 位のゲーリッグが 3、4 番を打っていたのですから。

この表にはバリー・ボンズ、アルバート・プホルス（プーホールズ）、トッド・ヘルトン、マニー・ラミレスの 4 人の現役選手が含まれていますが、選手としてのピークを過ぎれば OPS は下がってきま

すので、引退時には彼らの順位は少し落ちているかもしれません。

テッド・ウィリアムズ

さて、このランキングで堂々の2位に入っているテッド・ウィリアムズはどんな選手だったのでしょう？

Ted Williams は 1940～50 年代に Boston Red Sox で活躍した選手で、2度の Triple Crown を獲得しています。彼は 1941 年に打率 0.406 を記録しましたが、それ以降今日まで打率4割を超えた選手はおらず、the last man to hit over. 400（最後の4割バッター）と呼ばれています。

Ted Williams は野球についてのすばらしい警句を発したことでも知られている人です。そのいくつかを紹介しましょう。

●Baseball is the only field of endeavor where man can succeed three times out of ten and be considered a good performer. （野球は 10 回のうち3回成功すれば一流だと言われる唯一の分野だ。）

●God gets you to the plate, but once you're there, you're on your own. （バッターボックスまでは神が連れて行ってくれるが、一旦そこに立ったらきみは独りだ。）

2つ目は心にしみる言葉です。バッターは打席に立てたことを神に感謝すべきかもしれませんが、そこでユニフォームに縫いつけたお守りを握り、神の助けを仰いではいけないのですね。

＊base on balls は walk とも呼ばれます。「フォアボール」は和製英語です。

＊＊hit by pitch は「投球がぶつかった」という形容詞的表現ですので、ここでは times（回数）という名詞が加えられています。「デッドボール」は和製英語です。

23 どうしてあなたはロミオなの？ ——Shakespeare のせりふ

 シェイクスピアの有名なせりふをいくつか紹介しましょう。まずは『ロミオとジュリエット』のバルコニーの場面からです。

Romeo and Juliet から

O Romeo, Romeo, wherefore art thou Romeo?
Deny thy father and refuse thy name;
Or, if thou wilt not, be but sworn my love,
And I'll no longer be a Capulet.
　　　Romeo and Juliet　act 2, sc. 2, ll.33-36

 シェイクスピアが劇を書いたのは、今から約400年前の1600年前後のことです。その英語は現代のものとは少し違っていて、今日ではほとんど見かけない単語もいくつか使われています。

 その中で最も頻繁に出てくるのが thou（あなたは）、thy（あなたの）、thee（あなたを、あなたに）です。シェイクスピアの時代には、二人称の代名詞は単数が thou、thy、thee、複数が you、your、you と使い分けられていたのですね。それから art は現代英語では are、wilt は will、また wherefore は why、but は only です。これだけの予備知識で、このせりふはほぼ理解できると思います。

 例えば、最初の1行は、現代英語に書き換えれば、O Romeo, Romeo, why are you Romeo? です。でもこれでは何かそっけない感じがしますね。やはり原文には原文の味があります。

 内容に関して付け加えると、wherefore art thou Romeo? は本来は wherefore art thou Montague? となるはずのところです。問題は「ロミオ」ではなく、その姓である「モンタギュー」なのですから。でも

ジュリエットのせりふは「独白」で、「本当は心の中で考えているだけ」という暗黙の了解がある。ところがロミオはこの「了解」を破って独白に答えてしまう。——これは演劇上の遊び。

wherefore art thou Romeo? のほうがはるかにインパクトがあります。シェイクスピアはそのあたりをちゃんと計算していたのですね。

さて、演劇は登場人物同士の対話から成り立っていますが、シェイクスピアの劇にはしばしば soliloquy（独白）と呼ばれる独り言が出てきます。これはその人物の思考を観客に伝えるためのもので、「本当は声には出さず、心の中で考えているだけ」というのが暗黙の了解になっています。aside（傍白）についても同様です。真夜中に庭に向かって叫ぶというのは変な話ですから、ジュリエットのこのせりふも独白なのですが、バルコニーの下に潜んでいたロミオは、何と、前述の「暗黙の了解」を破ってそれに答えてしまいます。これは演劇上の「遊び」と言うことができるでしょう。

Twelfth Night から

If music be the food of love, play on,
Give me excess of it ; that surfeiting,
The appetite may sicken, and so die.
That strain again, it had a dying fall ;
O, it came o'er my ear like the sweet sound

That breathes upon a bank of violets,
Stealing and giving odor.
> *Twelfth Night*　act 1, sc. 1, ll.1-7

　『十二夜』の冒頭部分です。イリリア公爵オーシーノーが楽団に音楽を奏でさせ、恋の思いに浸っているところです。「音楽が恋の糧（the food of love）であるなら、続けてくれ。これでもかというほど聞かせてくれ。そのために飽きて（surfeiting）、食欲が失せれば、我が恋も消えるかもしれないから」と公爵は言うのですが、このせりふを聞いただけでも彼の「恋」が一種の遊びに過ぎないことが分かります。その恋は音楽の力によって燃え上がり、音楽に飽きれば一緒に消えてしまうようなものなのです。

　けれども、公爵の恋の実体など、ここでは重要ではありません。それよりも「私の耳をくすぐるその甘い調べは、そよ風がすみれの咲く丘に息を吹きかけ、その香りを奪ってはまた与えているかのようだ」という一節のポエジーを味わってください。音楽の与えてくれる快さとは、まさにそういったものですね。

The Tempest から

Our revels now are ended. These our actors
(As I foretold you) were all spirits, and
Are melted into air, into thin air,
　　　　　　...　　　　　　We are such stuff
As dreams are made on ; and our little life
Is rounded with a sleep.
> *The Tempest*　act 4, sc. 1, ll.148-58

　弟に裏切られ、島流しになっているミラノの公爵プロスペローは、弟の乗った船が島の近くを通ったとき、魔法の力で嵐を起こして、弟

たちを島に上陸させます。そして上陸者の1人、ファーディナンドが自分の娘ミランダと恋仲になると、プロスペローは2人に妖精たちによる劇を見せ、このせりふを言います。

2行目のspiritsはこの劇を演じた妖精たちで、彼らはプロスペローのひと言で「薄い空気の中」へと戻っていきます。

そしてWe are such stuffに始まる「われわれ人間は夢と同じものでできていて、そのささやかな人生は眠りによって終わりを迎える（Is rounded）」はとても有名な一句です。「人生は夢と同じもの」という考え方は東洋思想に通じるものがありますね。秀吉の辞世の歌、「露と落ち露と消えにし我が身かな浪速(なにわ)のことも夢のまた夢」を思い出した人もいるかもしれません。

■シェイクスピアの「ひと言」■

The world must be peopled. When I said I would die a bachelor, I did not think I should live till I were married. (*Much Ado About Nothing* act 2, sc. 3)（世界の人口は保たれなくてはならない。私が独身を通すと言ったのは、結婚するまで生きるとは思っていなかったからだ。）

独身主義者が結婚する気になったときの言い訳です。誰も結婚しなくなれば、世界の人口が激減するのは確かですものね。

In time we hate that which we often fear. (*Antony and Cleopatra* act 1, sc. 3)（やがて私たちは、自分が怖がっているものを憎むようになるでしょう。）

アントニーとの恋の駆け引きに明け暮れるクレオパトラを諫(いさ)める、侍女チャーミアンの言葉です。「あの人は手ごわい」と思わせるやり方は、長い目で見れば得策ではないのですね。

24 2つの coaster をめぐって

　遊園地にある「ジェットコースター」は英語で表記すれば jet coaster になりますが、これは和製英語で、正しくは roller coaster と言います。コースターはどんなにスピードが出たとしてもあくまで慣性で動くものですから、「噴射」を意味する jet は間違っているのです。

　roller coaster の roller は roll（転がる）に er がついた形で、「転がるもの」を意味します。ローラースケートのローラーです。後半の coaster は coast に er がついた形ですが、coast は普通「海岸」を意味しますね。coaster にはさらに「コップ敷き」という意味もあります。「海岸」の coast、「ローラーコースター」の coaster、「コップ敷き」の coaster にはいったいどんな関連性があるのでしょう？

The Oxford English Dictionary

　英英辞典と呼ばれるものは多数出版されていますが、その中に絶対的な権威を持つ辞典があります。*The Oxford English Dictionary*（オックスフォード英語辞典、略して OED）です。

　OED は一見の価値のある代物です。両手でやっと抱えられるほどの巨大な本 20 冊から成るものだからです。かつて、英語や英文学の研究者は、この OED を自宅に揃えることをステータス・シンボルのように考えていました。今日では CD-ROM 版やコンピューター・オンライン版も出ていますが、これらの版ではこの辞典の圧倒的な存在感を味わうことはできません。

　OED の最大の特徴は、単語の意味の変遷を克明にたどっていることです。その語が最初に使われたときの意味からスタートし、具体的な用例をふんだんに交えながら、今日に至るあらゆる意味を紹介しているのです。それらの意味には年代順に番号が振ってあります。とき

どきそれに†という印がついていますが、これは obsolete（すたれた）という意味で、今日では使われないことを表しています。

では coast をこの OED で引いてみましょう。OED では単語を品詞ごとに別項目で扱っていますので、まず名詞 coast の項目を見ます。

項目の最初に語源が紹介してあります。coast の語源はラテン語 costa（肋骨、わき腹、側面）です。次いで Some of the senses are expressed in mod. F. by côte．（その意味のいくつかは現代フランス語の côte に表されている）という記載があります。

では仏和辞典で côte を引いてみましょう。côte［コート］には「肋骨」、「丘陵、坂」、「海岸」の 3 種類の意味が載っています。避暑地として有名なコート・ダジュール（Côte d'Azur）のコートは「海岸」の意味、ワインの産地として有名なコート・デュ・ローヌ（Côtes du Rhone）のコートは「丘陵」の意味だったのですね。フランス語にはこれ以外に côté［コテ］（側面、わき腹）という語もありますが、語源的には côte、côté の両方が costa に対応しています。

英単語の半数以上はラテン語を語源としていますが、それらのほとんどはフランス語を経由して英語に入っています。文化の中心だったローマ帝国から、フランス→イギリスと言葉が流れたのですね。coast の場合も、ラテン語 costa → フランス語 côte、côté → 英語 coast と推移しています。

2 つの coaster

OED の coast の項目に戻りましょう。最初の意味は the side of the body（わき腹）で、obsolete の†の印がついています。2 番目はやはり†の the side (of anything)（側面）で、この 2 つはラテン語 costa と同じ意味です。そして 4 番目が今日の the edge or margin of the land next the sea（海沿いの地域、海岸）ですが、それは「海の側面」ということです。

それから 11 番目に a (snow- or ice-covered) slope down which one

slide on a sled（そりで滑り降りられるような雪や氷で覆われた斜面）の意味が出てきます。これは「丘の側面」から生まれた意味です。

今度は動詞 coast を見てみましょう。1〜3と†印が続いた後、4番目に to sail by the sea-coast という意味が出てきます。「（船が）海岸に沿って航行する」ということですね。それから13番目に to slide down a snow-covered slop by sled（雪の斜面をそりで滑り降りる）が出てきます。後者は名詞の「雪で覆われた斜面」の意味から生まれたものです。

次いで coaster の項目を見ます。coaster は動詞 coast の派生語で、①「沿岸を航行し、港から港へと渡り歩く船」と②「雪の斜面を滑り降りるためのそり」の2つの意味があります。

②から、roller coaster が何であるかが分かります。これはそりにヒントを得た乗り物で、台車にローラーをつけて坂を滑り降りるようにしたものです。遊園地のコースターの原型が見えてきますね。

「コップ敷き」のほうはどうでしょうか？　こちらは①「港から港へと渡り歩く船」から比喩的に「酒のボトルを載せてテーブルの上を渡り歩く、車のついた銀製の盆*」の意味になり、さらに「ボトルやグラスを載せる盆あるいは下敷き」になったものです。

たまにはネット・サーフィンの代わりに「OEDサーフィン」はいかがですか？

*19世紀の末にイギリスで大流行したと言われています。

■**coast の意味の変遷**■

基本の意味：側面──
- ①体の側面：わき腹…obsolete
- ②海の側面：海岸
- ③丘の側面：斜面→雪に覆われた斜面

＊roller coaster の「コースター」の意味は③から
＊coaster の「コップの下敷き」の意味は②から

25 アメリカのキリスト教

アメリカの病院に入院することになったある日本人が、受付でchurch affiliation（所属する教派）を尋ねられ、よく理解できないままにChristianと答えたところ、数日後に1人の牧師が訪ねてきて、「うちの教会にあなたがいるのを知らなかった」と言った、という笑い話があります。この人はChristian Churchと呼ばれる教派の牧師だったのです。アメリカに住む人は、キリスト教徒でなくても、その教派の名前ぐらいは覚えておいたほうが良さそうですね。ではアメリカのキリスト教の教派を簡単に紹介することにしましょう。

mainline Protestants（メインライン）——アメリカ人の約15％

WASPすなわちWhite Anglo-Saxon Protestant（プロテスタントであるアングロサクソン系の白人）がアメリカの支配階層を形成している、と言われるように、プロテスタントはその社会の中核を担ってきました。この建国以来のプロテスタントの諸教派は、一般にmainline Protestantsと呼ばれています。

ひと言で言うなら、メインラインの特徴はmoderation（穏健）にあります。彼らはキリスト教も世の中の流れに対応して変わっていく必要があると考えており、聖書に記されていることのすべてを真実と受け取る必要はない、という立場を取っています。アメリカ社会で論争の的になっている同性愛や妊娠中絶といった問題にもおおむね柔軟に対応しており、全般的に「リベラルである」と言われています。

このmainlineには以下の7つの大きなdenomination（教派）があり、Seven Sistersとも呼ばれています。

●Methodists（メソディスト）——全米の会員約800万人

18世紀にイギリスで生まれた教派で、「聖書に示されているmethod

に従って生きる」ということから Methodist と呼ばれるようになりました。アメリカでは、西部開拓時代の巡回説教者の活躍により、開拓者たちの間に爆発的に広まりました。

●Lutherans（ルター派）――同 500 万人

その名の通り、宗教改革者ルターの教えを受け継ぐ教派で、世界的にはプロテスタント最大の団体です。日本では「ルター教会」とも「ルーテル教会」とも呼ばれます。

●Episcopalians（米国聖公会）――同 250 万人

アメリカがイギリスの植民地だった時代に Church of England（イギリス国教会）によって設立されました。Episcopal は「監督の」という意味で、アメリカ独立戦争のさなかにこの教派がイギリス国教会との関係を断たれた際、この名を冠せられました。「日本聖公会」もイギリス国教会系の教派です。

●Presbyterians（長老派）――同 250 万人

Presbyterian は「長老」という意味で、この教派が長老制度を採用していることからこの名が付きました。ルターと並ぶ宗教改革者カルヴァンの教え――Calvinism（カルヴィニズム）――を受け継ぐ教派です。

●American Baptists（北部バプティスト）――同 150 万人

Baptists の名は、この教派が幼児洗礼を認めず、自覚的な信仰告白に基づいて全身を水に浸す baptism（洗礼）を行うことから付けられました。この教派は、南北戦争の前に、奴隷制度に反対して後述の Southern Baptists から分離しました。

●Congregationalists（会衆派）――同 150 万人

各教会の会衆の自治と独立を旗印としたことから、この名前が付けられました。メインラインの中でもとりわけリベラルで、人道主義的な傾向を持っています。同志社大学を創立した新島襄もこの教派に属していました。Congregationalists は 1957 年に他の小教派と連合し、United Church of Christ（統一キリスト教会）となりました。

●Christian Church（Disciples of Christ）──同 80 万人

　19 世紀の初めに生まれた比較的新しい教派で、教派的な信条を否定し、新約聖書を唯一の拠り所として信仰を深めることを目標としています。冒頭に紹介した教派がこれです。

Evangelicals（福音派）──アメリカ人の 25％ 強

　Evangelicalism［イーヴァンジェリカリズム］は、リベラリズムに傾いた mainline 諸派が宗教的なパワーを失いつつあることを危惧して起こった運動で、信者の生活に立ち入り、彼らを積極的に指導する姿勢を示しています。また、聖書に記されていることは、たとえ今日の科学と相容れないことであっても信じる、という立場を取ります。メインラインから分派した教派の場合、その名称に元の教派の名を残している場合も多く、名称だけでは両者を区別しづらいものがあります*。ちなみに日本でも積極的に活動している Holiness church（ホーリネス教会）は Methodists から分派した Evangelical です。

　この Evangelical に属する最大の教派は Southern Baptist Convention（南部バプティスト連盟）で、全米の会員数は 1600 万人に及びます。Civil Rights Movement を指導した M. L. King もこの教派の牧師で、黒人教会の半数以上がこれに属していますが、近年は政治的に保守化する傾向を示しています。「20 世紀最大の大衆伝道者」と言われる Billy Graham［グレイアム］もこの教派に属しています。

　さて、Fundamentalism（根本主義）は「キリスト教の根本に帰る」という運動で、当初は Evangelicalism と同義でしたが、今日の Fundamentalists は Evangelical に対する批判を強め、そのグループから分離独立する傾向を強めています。Fundamentalists は「聖書の言葉は一字一句誤りがない（inerrancy of the Scriptures）」とする立場を取り、飲酒や喫煙はもとより、ダンス、映画鑑賞、観劇なども不道徳であるとして禁じています。政治的には極めて保守的で、ブッシュ政権の軍事強硬路線を支えたことでも知られています。

Roman Catholics（カソリック）——アメリカ人の20％強

カソリックはアメリカでは少数派と言われています。信者はイタリア系、アイルランド系などの移民の末裔が多く、社会的に少なからぬ差別を受けてきました。近年、そのほとんどが Catholic であるラテン・アメリカ系の移民が流入し、数の上では巨大な勢力に成長しましたが、プロテスタントの屋台骨を揺るがすには至っていないようです。

＊例えば Evangelical Lutheran Church は mainline のルター派の名称で、Evangelicalism には属しません。

■その他のキリスト教の教派■

Quakers（クエーカー）——正式には Religious Society of Friends——はイギリスの Puritan 運動に連なる古い教派で、「静寂の中で神を待つ」というスピリチュアルな教えを特徴としています。名前の quaker（震える者）は「主の言葉に震える」に由来します。新渡戸稲造が入会したことでも知られています。

Mormons（モルモン教）——正式には Church of Jesus Christ of Latter-Day Saints——は1830年に Joseph Smith によって創立された教団で、本部はユタ州 Salt Lake City にあります。独特の教義を持っていますが、社会的にはキリスト教の一派と認められています。政治的には保守的で、白人中心主義の傾向も見られます。世界各地で積極的な布教活動を行っていて、信者数は全世界で400万人を超えると言われています。

Jehovah's Witness（エホバの証人）は三位一体などの正統キリスト教の教義を認めない新興宗教で、「イエスも旧約聖書の預言者たちもエホバ（神）の証人である」とする立場からその名が付けられました。政治的には中立ですが、平和主義の精神から兵役を拒否すること、さらに輸血を忌避することで知られています。

26 生きるって何？
——life と death をめぐる英語の名言

英語には、有名な人、無名な人が言い表した数多くの名言があります。そのうち、lifeとdeathに関係するものをいくつか紹介しましょう。

In three words I can sum up everything I've learned about life. It goes on. 〜Robert Frost
（私が人生で学んだことすべては3つの言葉で要約できる。それは「人生には先がある」ということだ。…ロバート・フロスト：20世紀前半に活躍したアメリカの詩人）

ラブロマンスは2人が結ばれるところで終わりますね。結ばれてしまえば、あとは語ることがなくなってしまうのです。けれども人生は、愛する人と結ばれることでも、金メダルを取ることでも、破産することでも、逮捕されることでも終わりはしません。金メダルを取った後に大きな試練が、逮捕された後に大きな喜びが待ち構えているかもしれないのです。死なない限り、何が起こってもそれは途中の出来事に過ぎない——つまり「人生には常に先がある」のですね。

The price of anything is the amount of life you exchange for it. 〜Henry David Thoreau
（あるものの価値は、人が人生のどれだけをそれと引き換えにしたかで決まる。…ヘンリー・ソロー：19世紀アメリカの思想家。*Walden, or Life in the Woods*『ウォールデン、森の生活』が有名）

ここにある商店主がいるとしましょう。彼はその店を切り盛りしつつ、老年を迎えましたが、子供が誰も跡を継いでくれないことをとても残念に思っています。その店の役割は終わったのだから、もう閉めてもいいではないか、というのは他人の論理です。自分の人生をそれ

につぎ込んだ彼にとって、その店は途方もない価値を持つものなのですね。

Life does not consist mainly, or even largely, of facts and happenings. It consists mainly of the storm of thoughts that is forever blowing through one's mind． 〜Mark Twain's Autobiography
（人生は事実や出来事から成り立っているのではない。それは、主に、人の心に永遠に吹き荒れている思考の嵐から成っている。…マーク・トウェイン：19 世紀後半〜20 世紀初頭にかけて活躍した小説家。*The Adventures of Huckleberry Finn*『ハックルベリー・フィンの冒険』などが有名）

ある人の人生を、いつどこで生まれ、どの学校を卒業し、どの会社に就職し、どんな仕事をし、誰と結婚し、何人の子供を持ち、何の病気にかかり、いつ死んだか、といった出来事の羅列で要約してみても、それはほとんど意味を持ちません。出来事は人生の材料に過ぎず、人生そのものではないのですね。

では人生そのものとは何でしょう？　それは「人の心に吹き荒れている思考の嵐」だ、と Mark Twain は言います。生きるというのは、出来事への反応として心に生まれる思考の嵐を味わうこと——これに反論できる人がいるでしょうか？

My formula for living is quite simple. I get up in the morning and I go to bed at night．In between, I occupy myself as best I can． 〜Cary Grant
（私の生き方はとても単純だ。私は朝には起き、夜には寝る。その間、私はできるだけ忙しく過ごすことにしている。…ケーリー・グラント：20 世紀中盤に活躍したハリウッドの俳優）

Mark Twain の言う「思考の嵐」は、放っておくとどんどんエスカ

ケーリー・グラントは洗練された身のこなしと知的な雰囲気が売り物の典型的な二枚目俳優でしたが、実は貧しい労働者階級の出身でした。母親は彼が9歳のときに突然姿を消し（実は精神病院に収容されていた）、そのことが彼の後の人生に影を落とします。
　私生活はトラブル続きで、何度結婚してもうまくいきませんでしたが、それは相手の女性に母親像を求めたからだとも言われています。「思考の嵐」の材料には事欠かない人だったのですね。
　グラントは倹約家で、いつも撮影所の食堂で食事していたそうです。

レートし、その人を苦しめる、という性質を持っています。というわけで、賢い人は没頭できる何かを見つけ、できるだけ忙しく動き回ろうとします。ちょっとでも暇ができると、思考の嵐が襲ってくるからです。でもあんまり忙しくすると身体をこわしますよ。
　ちなみに、ケーリー・グラントは大スターでしたが、その生活はとても質素だったと言われています。

God pours life into death and death into life without a drop being spilled.　〜Author Unknown
（神は死に生を、生に死を注ぎ込む——ただの一滴も漏らさずに。…作者不詳）

　黒澤明の映画『生きる』の主人公は、死が間近に迫っていることを知って初めて「生きる」ことに目覚めます。良く生きるためには、人は死を覚悟しなければならないのでしょうか。

　江戸時代に書かれた武士の心得、『葉隠』に、「武士道と云うは死ぬ事と見つけたり」という有名な言葉がありますが、それは「良い死を求めることは良い生を求めることにほかならない」という意味に解釈できます。死の中に生があり、生の中に死があるのですね。

■**life と death をめぐるその他の名言**■

While I thought that I was learning how to live, I have been learning how to die.　〜Leonardo da Vinci

I intend to live forever. So far, so good.　〜Steven Wright

Life is like a ten-speed bicycle. Most of us have gears we never use.　〜Charles Schulz

There is only one difference between a long life and a good dinner: that, in the dinner, the sweets come last.
〜Robert Louis Stevenson

I do not believe that any man fears to be dead, but only the stroke of death.　〜Thomas Browne, *An Essay on Death*

27 悲劇の王女 Lady Jane Grey

右の絵を見てください。これはロンドンの美術館、National Gallery に展示されている Paul Delaroche（ポール・ドゥラローシュ）作の The Execution of Lady Jane Grey（レディ・ジェイン・グレイの処刑）という絵です。

1554年にジェイン・グレイという王女が処刑されたときの様子を描いたものですが、極めてリアリスティックで、衝撃的です。首切り台は斧が振り下ろされた反動で動かないよう、大きな鎖で固定されています。その周囲に敷かれたわらはもちろん血を吸い取るためのものです。首切り台を探して宙をさまよう王女の右手が哀れですね。このときまだ16歳だったというジェインは、いったいどんな悪事を働いたというのでしょう？

では王女の処刑に至る物語を紹介しましょう。

ヘンリー8世

イギリスの Tudor 王朝に Henry Ⅷ（ヘンリー8世、在位 1509-47）という王がいました。文武に優れた人だったそうですが、それよりも次々に妃を取り替えた王として人々に記憶されています。

ヘンリー8世が最初に結婚したのは、スペインの王女 Catherine of Aragon でした。2人の間には Mary という娘が生まれましたが、ヘンリーは彼女を離別し、その侍女だった Anne Boleyn（ブリン）と結婚する道を選びます*。けれども時のローマ教皇がそれを許さなかったため、ヘンリーはローマ・カトリックとの決別を断行、新たに

Church of England（イギリス国教会、別名 Anglican Church）を設立して、自らがその首長となりました。身勝手な振る舞いでしたが、これが結果としてイギリス人に独立心を目覚めさせ、大英帝国の繁栄の基礎を築いたと見る歴史家もいます。

ヘンリーはアンとの間にElizabeth**という子供をもうけましたが、結婚の3年後にアンを反逆罪で処刑、アンの侍女だったJane Seymour（シーモア）と結婚します。やがてジェインは待望の男児 Edward を生みますが、産後間もなく亡くなりました。ジェインは、口うるさい上に浪費家だったアンとは対照的に賢く控え目な人で、ヘンリーは非常に気に入っていたそうですが、そういう人に限って早死になのですね。その後ヘンリーはさらに3人の女性と結婚します。

強引な即位

さて、ヘンリーが亡くなる4年前の1543年、Third Succession Actと呼ばれる法律が Parliament of England（イギリス議会）を通過しました。これはエドワードを唯一の王位継承者と定めたそれまでの2つの継承法を破棄し、エドワードと共にメアリー（離縁されたキャサリンの子）とエリザベス（処刑されたアンの子）の継承権を認めるものでした。

やがてヘンリーは亡くなり、エドワードが王位を継いで Edward Ⅵ（エドワード6世）となりました。けれども新王は病弱で、即位の6年後に15歳の若さで亡くなります。そのとき、エドワードの側近だった John Dudley, 1 st Duke of Northumberland（ノーサンバーランド公ジョン・ダドリー）は、死の床にあったエドワードを説得して、父ヘンリーの妹 Mary Tudor の相続人を次期の王位に就けることを宣言させました。この相続人とは、実質的にメアリー・テューダーの孫娘ジェイン・グレイを指していました。その直前、ダドリーは、自らの6男 Guilford（ギルフォード）を15歳のジェインと結婚させています。強引なやり方ですね。ダドリーは自分の権力を過大評価して

いたのでしょう。

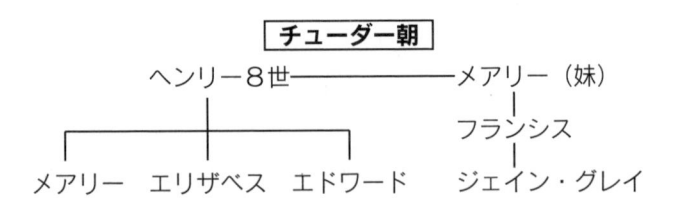

```
                        チューダー朝
         ヘンリー8世――――――――――メアリー（妹）
                                        │
        ┌──────┼──────┐             フランシス
        │      │      │                │
      メアリー エリザベス エドワード   ジェイン・グレイ
```

　1553年7月6日にエドワードが亡くなると、ダドリーはジェイン・グレイをロンドン塔に入城させ、そこで彼女のイギリス女王即位を宣言しました。一種のクーデターによる政権奪取です。

　けれどもダドリーは、最大の政敵であるメアリーを拘束することに失敗しました。地方に逃れたメアリーは、支持者を募って反撃に出ます。間もなく、政治的な発言権を持つ貴族のほとんどがメアリー側につきました。彼らは、ダドリーの言うなりだった幼い王の遺言より、自分たちが制定した継承法を尊重したのです。ジェインは女王即位からわずか9日にしてhigh treason（大逆罪）のかどで逮捕されました。

刑の執行

　クーデターの主犯であるダドリーが早々に処刑された後、ジェインは裁判にかけられて死刑を言い渡されます。けれども、彼女への同情が集まったこともあり、処刑は延期されていました。

　そこに新たな動きが加わります。強固なカトリック教徒である新女王メアリーに不満を懐いたプロテスタントの一派が、1554年1月に反乱を起こし、ジェインの父親 Duke of Suffolk もこれに加わったのです。反乱は間もなく鎮圧されましたが、プロテスタントであるジェインの存在は争いの火種になりかねないことから、それまで処刑に消極的だったメアリーもついにその執行を決意しました***。

　1554年2月12日、別の場所で夫のギルフォードが処刑されたのに続き、ロンドン塔内でジェインの処刑が行われました。処刑に先立

ち、ジェインは集まった人々に次のような演説をします。

Good people, I am come hither to die, and by a law I am condemned to the same. The fact, indeed, against the Queen's highness was unlawful, and the consenting thereunto by me : but touching the procurement and desire thereof by me or on my behalf, I do wash my hands thereof in innocency, before God, and the face of you, good Christian people, this day.

ジェインは、自分が王位に就いたのは継承法に反していたこと、そして自分がそれに同意したことを率直に認めつつ、自分からそれを望んで、あるいは自分のためにそれをしたわけではない、と付け加えています。堂々たる演説ですね。やがて彼女は作法に従って自ら布で目隠しをし、台に首を横たえて、Lord, into thy hands I commend my spirit！（聖ルカの言葉）と叫んで刑を受けたのでした。

ジェインは、名門に生まれたものの、愛のない母に厳しくしつけられ、不幸な少女時代を過ごした人でした。柔和で、物静かで、いっさい口答えしないその態度がかえって母親を苛立たせたとも言われています。母親の目を逃れ、勉学に慰めを見出したジェインは、優れた知性を発揮し、ラテン語、ギリシャ語、ヘブライ語などを次々に習得して教師たちを驚嘆させました。小柄で、ほっそりした、美しい人だったそうです。その悲劇的な人生にこれらの要素が加味され、やがてジェイン・グレイはすべてに秀でた理想の女性として語り伝えられていくことになります。英国王室の日影に咲いた一輪の可憐な花は、誰の目をも引き付けずにはいなかったのですね。

＊*Utopia*（『ユートピア』）で有名な思想家 Sir Thomas More は、ヘンリーとアンの結婚に強固に反対したため、処刑されました。
＊＊Elizabeth I（エリザベス1世）。英国史上最も有名な君主。
＊＊＊Mary I（メアリー1世）はその後プロテスタントを厳しく弾圧し、Bloody Mary というあだ名を付けられました。

28 映画のせりふを味わう②
Smoke

1995年に公開された *Smoke*（『スモーク』）というアメリカ映画についてお話ししましょう。

Smoke はニューヨークのブルックリンを舞台に繰り広げられる物語で、巧みなプロットとウィットにあふれるせりふに彩られています。場所はブルックリンですから、犯罪の影がちらつきますし、麻薬の匂いも漂ってきますが、そこに登場する人物たちは心の潤いを失っていません。すさんだ世界と隣り合わせに暮らしながらも、こちら側に踏みとどまっている人々なのですね。

物語の中心にいるのは、街角の小さな煙草店（葉巻の専門店）の店主 Auggie Wren（オーギー・レン）と、その店の常連客である Paul Benjamin（ポール・ベンジャミン）の2人です。オーギーは気ままに生きる中年の独身男、ポールはやはり中年の作家ですが、ポールは数年前に強盗事件で愛妻を失って以来小説が書けなくなっています。

Tomorrow and tomorrow and tomorrow...

オーギーは変わった趣味を持っています。毎朝8時に煙草店の前に三脚を構え、同じアングルの町の情景を1枚写真に撮る、というもので、それを10年以上にわたって続けているのです。

ある日オーギーはこの写真を収めたアルバムをポールに見せます。ポールはどれも同じに見える写真にすぐに飽きてしまい、気がなさそうにページをめくっていきますが、それを見たオーギーは You'll never get it if you don't slow down, friend.（もっとゆっくりめくらなければ、大事なものが見えてこないよ）と諭します。そのアドバイスに従ったポールは、やがて、平日と週末での町のたたずまいの違い、季節の移り変わりによる微妙な光の変化、通り過ぎる人々の表情の陰

影などに気づき始めます。同じ人が何度も写っているケースでは、日によってその人の気分が微妙に違っていることすら見えてきます。同じものの繰り返しに見えたものが、思いがけないドラマを秘めていたのですね。

それに気づいたポールに対し、オーギーは言います。Tomorrow and tomorrow and tomorrow, time creeps on its petty pace.（明日、その明日、そのまた明日と、時は這うようにして進む）と。

これはシェイクスピアの *Macbeth* に出てくる有名なせりふです。マクベスは、これに続けて、It is a tale/Told by an idiot, full of sound and fury, / Signifying nothing.（それ［人生］は馬鹿者の語る話のようなもので、響きと怒りに満ちているが、何の意味もない）と言い放ちます。人生をすべて否定するわけです。けれどもオーギーは、「人生に意味はない」という点ではマクベスと同意見かもしれませんが、生きることをむしろ肯定的にとらえています。彼が撮った写真には、人々の日々の営みに対する温かい眼差しが感じられるのですね。

5 千ドルの金の流れ

この映画はオーギーとポールを軸に進行しますが、この2人にはほとんど何も起こりません。物語を持ち込むのは、車にはねられそうになったポールを救う黒人の若者 Rashid（ラシード）と、オーギーの昔の恋人 Ruby（ルビー）の2人です。ラシードは、強盗現場で拾った5千ドル余りの金のため、ギャングに追われているのですが、自分を捨てて家を出た父親に会いに行こうともしています。一方のルビーは、非行に走り、今は重症の麻薬中毒にかかっている娘の Felicity（フェリシティ）を何とか助けようとしています。「幸福」を意味する felicity がここでは悲しく響きます。ルビーによると、フェリシティはオーギーの子供です。

さて、ラシードはポールの紹介でオーギーの煙草店で働き始めるのですが、そこで大失態を演じてしまいます。オーギーが店の流し台の

下に隠していた禁制品のキューバ産の葉巻を水浸しにし、オーギーに5千ドルもの損害を負わせてしまうのです。オーギーはかんかんに怒ります。ここでポールが仲介に入り、拾った5千ドルでこの損害を弁償するよう強くラシードに促します。汚れた金は早く手放したほうがいい、とポールは考えるのです。ようやく納得したラシードはバーでオーギーと会い、金を差し出しますが、なおも怒っているオーギーはなかなかそれを受け取ろうとしません。けれども、しばらくのやり取りの後、Now say something nice to Rashid to make him feel better. (ラシードを安心させる言葉をかけてやってくれ)とポールに促されたオーギーは、少し微笑んで、ラシードに向かい、Fuck you, kid. と言います。するとラシードも Fuck you, too, you white son-of-a-bitch. と言い返します。どちらも日本語には訳せないほどの汚い罵りのせりふです。ところがこの場面では、これは2人の和解の言葉なのですね。言葉は、その場の状況や話しぶりなどによって、字面と正反対の意味を帯びることがあるのです。

さて、この金をポケットに入れ、ピッツバーグに戻るルビーを見送ったオーギーは、出来心でその金を彼女に差し出します。それがフェリシティを更生させる資金として使われるかもしれない、という暗示がこの物語のひとつの救いとなります。

Auggie's Christmas Story

ラシードはそれと気取られないようにしながら父親に会い、彼の経営するガソリンスタンドを手伝います。父親は十数年前の事故で左手を切断し、義手をはめていますが、その後再婚して小さな男の子にも恵まれています。

ある日、父親は——ラシードが息子であることを知らないままに——その事故で最初の妻(つまりラシードの母親)を失ったことを打ち明けます。そして、自分の義手は、自分がいかに愚かで身勝手だったかを忘れないよう、神が自分に与えたものだと言い、Things definitely improved since I got fitted with this hook. (この鉤[義手の先]を付けられてから、俺の人生ははっきり良くなったな)と付け加えます。醜い義手を受け入れて生きることが、彼のささやかな幸せをもたらしているのですね。

　ラシードと父親がある種の和解に達した後、この映画は特別に用意されたフィナーレを迎えます。ある新聞にクリスマス・ストーリーを書くよう依頼されているポールは、テーマが見つからずに困り果てていますが、そこでオーギーが自らの経験したクリスマス・ストーリーを聞かせようと申し出るのです。

　原作者の Paul Auster (オースター) は、*Auggie Wren's Christmas Story* という自作の短編をもとにこの映画のシナリオを書きました。つまり最後に語られるクリスマス・ストーリーこそがこの映画の本題であり、それまでのすべてはその前置きに過ぎないとも言えるのです。

　このクリスマス・ストーリーは、まずオーギーによって口頭で語られ、次いで映画の終わりを告げるクレジットの背景として画面で表されます。そこに流れる歌がまたすばらしいものです。

　それはどんなストーリーでしょうか？　それを知りたい人には、やはり映画自体を見てもらうのがいちばんです。何度見てもまた見たくなる不思議な映画です。

■*Smoke* に出演している俳優たち■

　Auggie を演じているのは Harvey Keytel (ハーヴィー・カイテル)、*The Piano* (『ピアノ・レッスン』) で主人公 Ada の恋人役になった人です。Paul を演じている William Hurt (ウィリアム・ハート) はメジャーな俳優ですね。

　Rashid を演じている Harold Perrineau Jr. は出演当時 26 歳、その父親を演じている Forest Whitaker は 33 歳で、実年齢は 7 歳しか違わないそうです。

29 ボギーマンに負けるな
——ゴルフ用語について

　ゴルフには、「ティー」、「パット」、「バンカー」、「バーディー」など、もともとの英語はいったいどんな意味の言葉なのだろうと首をかしげるような用語がいくつかありますね。「ティー」が「お茶」と、「バンカー」が「銀行家」と関係があるようには思えません。これらのちょっと変わった用語に焦点を当ててみましょう。

　まず golf という語自体について。ゴルフは 15 世紀ごろにスコットランドで始まったスポーツで、スコットランド語で golf あるいは gouf と呼ばれていました。これはオランダ語の colf（棒、バット——今日では kolf とつづられる）に由来すると言われています。

　今日、英米人の間には golf を [gɔf]（ゴフ）と発音する人がいますが、これはスコットランド語の gouf をまねたものだそうです。1457 年のスコットランド議会の記録に「若者がゴルフなるものに興じ、弓の練習を怠っているのは嘆かわしいことだ」とあるそうですが、これがゴルフへの最古の言及です。当時のスコットランドでは、弓術の練習は国防上重要なこととみなされていたのですね。

　ゴルフは 16 世紀ごろにイングランドに伝わりました。その後しばらくは比較的マイナーなスポーツにとどまっていましたが、19 世紀の後半に爆発的な流行を見、今日の隆盛に至っています。

まぎらわしい「プット」と「パット」

　ゴルフ・プレーヤーはまず盛り土をした長方形のエリア、tee からボールを打ちます*。この tee については、ネイティブでも「その形が T に似ているからティーだ」と思っている人が多いそうですが、tee はスコットランド語 teaz に由来する語で、T とは無関係です（teaz がもともと何を指していたかは残念ながら不明です）。tee は teeing ground とも言います。

tee と green の間には fairway があります。fairway は「障害のない通路」という意味で、草の生い茂った周辺の rough（荒れ地）と対照されます。コースには池、小川、砂地などの障害が置かれていますが、これは一般に hazard と呼ばれています。hazard は本来は「危険、偶然、事故」という意味です。

ハザードの一種である bunker は本来「大箱、燃料庫」を意味する言葉です。これももともとはスコットランド語で、当初は「椅子、ベンチ」を意味していました。初期のゴルフでは、ベンチのたぐいを障害物として置いていたのかもしれません。なお bunker には「掩蔽壕（えんぺいごう）」という意味もありますが、これはこの軍事施設をゴルフのバンカーになぞらえたものです。

プレーヤーは green 上でパットを打ちます。このパットは英語では putt とつづりますが、これは実は put（置く）のスコットランド方言です。put はもともとは「押す、打つ」という意味で、そこから「パット」の意味が生まれたのですね**。英語では u は普通「ア」あるいは「ユー」と発音され、ローマ字式に「ウ」と発音されることはまれです。put[プット]はそのまれな語のひとつですが、スコットランド方言でこれが「パット」と発音され、ゴルフ用語に採り入れられて、put と区別するために後に putt に変えられたと考えられます。

golfer と一緒にコースを回る caddie（キャディー）ももともとはスコットランド語で、「使い走りの少年」を意味していました。caddie はフランス語の cadet がなまったものです。cadet は「士官学校の生徒」という意味で英語にも入っています。

鳥のように真っ直ぐに…

1899 年（1903 年という説もあります）のある日、アメリカ、ニュージャージー州の Atlantic City Country Club というゴルフ場で、William Smith と Ab Smith の兄弟、それに友人 George Crump の 3 人

がゴルフを楽しんでいました。あるパー 4 のホールをプレーし始めたとき、クランプのティーショットが飛んでいる鳥にぶつかりました。次いでクランプが放った第 2 打がホールからわずか数インチのところまで寄るのを見て、スミス兄弟は同時に "a bird" と叫んだそうです。「第 1 打でぶつかった鳥の心がボールに乗り移り、ホールに向かって真っ直ぐに飛んでいった」と感じたのですね。クランプは難なく 3 打で hole out し***、それ以来 3 人は one-under-par のことを birdie（バーディー）と呼ぶようになりました。最後の ie は親しみを示す接尾辞ですから、birdie は「小鳥ちゃん」というほどの意味になります。この言葉があっという間にゴルフ界全体に広まったのは言うまでもありません。

birdie よりさらに 1 打少ない two-under-par は eagle と呼ばれます。これは、ボールを、獲物に向かって直進するワシにたとえたものです。

さらに 1 打少ない three-under-par は albatross（アホウドリ）と言います。three-under-par はめったに達成されませんので、それを絶滅危惧種のアホウドリにたとえたのですね。albatross は double-eagle とも呼ばれますが、マイナス 2 である eagle の double（2 倍）はマイナス 4 ですから、これは厳密には間違っています。

four-under-par は condor（コンドル）あるいは vulture（ハゲワシ）と呼ばれます。これはパー 5 のホールで hole-in-one を記録して初めて可能になるものですが、2002 年にデンバーの Green Valley Ranch Golf Club で Mike Crean という選手が達成しているそうです。高地の空気の薄さに助けられたとは言いますが、517 ヤードもあるホールでホールインワンというのはすごいことですね。

なお par（パー、基準打数）は「同等」を意味する普通の英単語です。

弱くなったボギーマン

par より 1 打多いスコア、bogey（ボギー）はおもしろい由来を持

つ語です。bogey はもともとは「鬼」という意味ですが、19世紀末に "The Bogey Man" という題の歌がはやり、それにちなんで「各ホールを常にパーで回る仮想のパートナー」が Bogey-man と呼ばれるようになりました。アマチュアのプレーヤーにとってはほとんど勝ち目のない恐るべき「仮想パートナー」だったわけです。

　ところが、間もなく、このボギーマンが急に弱くなる事態が生じました。新しいゴム製のボールが開発され、飛距離が伸びて、スコアが平均して1打短縮されたからです。やがて従来よりも1打少ないスコアが par と認定されました。そしてイギリスではこの新しい par を bogey と呼ぶようになりましたが、アメリカでは従来の par ──新しい par より1打多いもの──をそのまま bogey と呼びつづけました。結果として、アメリカでは、bogey は par より1打多いスコアを指す言葉となったのです。

＊tee から打つときにボールを載せる小さなペグも tee と呼ばれます。
＊＊「砲丸投げ」は英語で shot put と言いますが、この put には「押す（こと）」という原義が残っています。
＊＊＊日本では18ホールを終了したときに「ホールアウトする」と言いますが、英語の hole out は各ホールを終えたときに使う表現です。

■独特のゴルフ用語■

用語	英語	備考
ティー	tee	原義は不明
パット	putt	put のスコットランド方言から
バンカー	bunker	スコットランド語で「ベンチ」
キャディー	caddie	フランス語 cadet から
バーディー	birdie	「小鳥ちゃん」の意味
ボギー	bogey	本来は par と同じ

30 haikuの世界

　今日、俳句は日本語の専売特許ではなくなりました。世界中の人々がそれぞれの言語でhaikuを詠み、それを英語に訳して発表しています。これは俳句の味わい深さが世界に認められたことを意味しますから、私たち日本人にとっても喜ばしいことです。

　けれどもそこには、5・7・5という俳句の「定型」を英語にどう置き換えるのか、という大きな問題が横たわっています。初期の時代には、英語のsyllable（音節）を5・7・5にあてはめる形が模索されました。音節、つまり「母音を核にひとまとまりに発音される単位」は英詩の重要な要素で、弱音節と強音節が交互に現れるiambus［アイアンバス］などが知られています。

　では実際のhaikuでその音節を見てみることにしましょう。

① **first communion :**
　light shining from the chalice
　into the boy's face
　　　　　　　Rich Youmans（アメリカ）

これは初めてのcommunion（聖体拝領）を受ける少年の顔にchalice（聖杯）の反射光が当たっている情景を詠んだもので、
first(1), com — mun — ion(3)……4音節
light(1), shin — ing(2), from(1), the(1), chal — ice(2)……7音節
in — to(2), the(1), boy's(1), face(1)……5音節
の合計16音節から成っています。communionが春の季語となり、途中のコロンが「切字」の役割を果たしていますから、俳句の属性がほぼ完全に取り入れられています。

　もう1つの例を挙げましょう。

俳句の特徴とそれに対する haiku の対応

俳句の特徴	英語の haiku では
①5・7・5の形をとる。	A．音節を5・7・5にまとめる。 B．音節数にこだわらず、内的なリズムを追求する。
②季語が入っている。	同様に季節に関係する語を入れる。
③切字を多用する。	名詞で止める表現やコロンなどを用いる。

② **the Greyhound's**
　running lights
　under Orion

　　　　　　　　Gene Doty（アメリカ）

　アメリカの長距離バス、グレイハウンドがオリオン座のもとを走っていく情景です。こちらは3・3・4の10音節に過ぎませんが、4・7・5の①の句よりもリズム感に欠けるという感じはしませんね。そう、英語では、特定の数の音節が特別に快いリズムを伴うわけではないのです。ですから、今日の haiku 作者は音節数にはあまりこだわらなくなりました。内的なリズムがあればそれでいい、と考えられているのです。

　ではいくつかの haiku を鑑賞してみましょう。

③ **One single stone displaced**
　suffices to change
　the torrent's laughter

　　　　　　　　Bruno Hulin（フランス）

作者は torrent（急流）のざわめきを laughter という語で表してい

ます。「1個の石を外しただけで流れの音が変わる」と言っているわけですが、そこには自然に耳を澄ましている作者の姿があります。もちろんそれは日本語の俳句から受け継いだ感性です。

④ **The spring night –**
    a lizard dies under the wheel
    of a troop carrier.
                    Dimitar Anakiev（スロヴェニア）

 troop carrier は「軍隊輸送車」です。それは必ずしもこの近くで戦争が行われていることを示すものではありませんが、そこにははっきりとした緊張が感じられます。③とは対照的に、これは生々しい人間同士の反目を背景とした句なのですね。そしてその犠牲となったトカゲ1匹——「むざんやな甲(かぶと)の下のきりぎりす」（芭蕉）。

⑤ **crossing the table**
    beside a book of zen
    the cockroach pauses
                    L. A. Davidson（アメリカ）

 日本語の俳句に「ゴキブリ」は似合いませんが、cockroach なら平気という感じがします。と言うより、「禅の本の前で立ち止まる」となれば、どの虫でもいいというわけにはいきません。せわしく動く cockroach ならではのユーモラスな停止。

⑥ **after she's gone**
    Unwinding
    a long hair from my sweater
                    Brian Tasker（イギリス）

 unwind はここでは「つまんで取り去る」というほどの意味です。「彼女」はまた戻ってくるのでしょうか？ それとも彼のもとを永遠

に去っていったのでしょうか？

■英語の川柳■

当人は haiku のつもりで書いていても、実質は senryu になっている句も少なくありません。senryu は西洋人の感覚によく合っているようです。

⑦　**raking grass cuttings –**
the beautiful girl asks if
I'm ever depressed

Colin Blundell（イギリス）

grass cuttings（刈った芝）をせっせと集めている「私」の姿がよほど楽しそうに見えたのでしょう。美しい女性が近づいてきて、「あなたは落ち込むことがないのか？」と尋ねます。そんな人などいるはずはないのに…。でも美しい人にもつらいことがあるのでしょうね。

⑧　**In the dollhouse**
On the tiny table, a miniature
Divorce agreement.

Cat Thompson（アメリカ）

ミニチュアの家の、小さなテーブルの上に小さな文書。おや、小さな字まで書いてある…。何とそれはミニチュアの離婚同意書！

31 To be, or not to beの３つの解釈

　To be, or not to be, that is the question：――シェイクスピアのHamletに出てくるこの有名なせりふには、これまでに無数の和訳が試みられてきました。「死ぬるが増か生くるが増か　思案をするはこゝぞかし」(外山正一、1882年)、「世に在る、世に在らぬ、それが疑問ぢゃ」(坪内逍遙、1933年)、「生か、死か、それが疑問だ」(福田恆存、1955年)、「このままでいいのか、いけないのか、それが問題だ」(小田島雄志、1972年)といった具合です。これらの訳文のほとんどは「生きるべきか、死ぬべきか、それが問題だ」のヴァリエーションですが、小田島訳はこれに反旗を翻している観があります。果たしてどちらが妥当な訳なのでしょうか？

　まずは原文を検討して、それから判断を下すことにしましょう。

To be, or not to be, that is the question :
Whether 'tis nobler in the mind to suffer
The slings and arrows of outrageous fortune,
Or to take arms against a sea of troubles
And by opposing end them. To die – to sleep,
No more ; and by a sleep to say we end
The heart-ache and the thousand natural shocks
That flesh is heir to : 'tis a consummation
Devoutly to be wish'd. To die, to sleep ;
To sleep, perchance to dream – ay, there's the rub :
For in that sleep of death what dreams may come,
When we shuffled off this mortal coil,
Must give us pause – there's the respect

That makes calamity of so long life.
    Hamlet Act 3, sc. 1, ll.56-69

　To be, or not to be〜に続く2〜5行目で、ハムレットは、「非道な運命を耐え忍ぶ」ことと「武器を取って苦難の海に立ち向かい、それを終わらせること」のどちらが気高いのかと悩みます。

　次いで彼は、「死ぬこと──眠ること、ただそれだけ」とつぶやき、「眠ることによって心身の苦痛を終わらせられるなら、それは願ってもないことだ」と死を歓迎する旨を口にします。

　けれども次に、「眠れば夢を見るかもしれない。それが困ったところだ」とハムレットは言います。「死の眠りにどんな夢が訪れるかを考えると、われわれはためらい、そのために悲惨な人生を長引かせてしまう」というわけです。

　この独白にはまだ先がありますが、その内容は繰り返しです。思い切って死んでしまえば楽なのに、死後の世界に不安を感じるため、人は死を決意できず、いたずらに生き長らえてしまう、とハムレットは言うのです。

　以上の概略を念頭に置いた上で、最初の To be, or not to be の解釈を検討してみましょう。

第1の解釈

　to be は「非道な運命を耐え忍ぶ」ことを、not to be は「武器を取って苦難の海に立ち向かい、それを終わらせる」ことを指している、と取るのが自然です。そこから、ハムレットは「現状を耐え忍ぶか、復讐を実行するか」で悩んでいる、と考えるのが第1の解釈です。これは最も標準的な解釈であり、それが正しければ「このままでいいのか、いけないのか」の小田島訳が妥当であることになります。

　けれども、この解釈では、その次の To die – to sleep がやや唐突に発せられるという印象を与えます。そもそも、そこから先、ハムレットは、復讐を実行するか否かではなく、死についての議論を延々と展

開するのです。それが次の解釈を生むこととなりました。

第 2 の解釈

　第 2 の解釈は、to be は同じく「現状を耐え忍ぶ」ことを指しているものの、not to be は「自ら命を絶つ」ことを指している、とするものです。「苦難の海に立ち向かい、それを終わらせる」というのは、復讐を実行することではなく、自殺することだというのですね。これなら次の To die – to sleep 以下が違和感なくつながっていきます。「生きるべきか、死ぬべきか」という伝統的な和訳はこの解釈に即していると言えます。

　けれども、この解釈では、ハムレットは父親の亡霊に命じられた復讐の使命から逃げていることになります。苦しいから死んでしまおう、というのでは観客の共感は得られませんね。

第 3 の解釈

　一般論として、to be は「活動的に生きる」ことを、not to be は「受容して生きる」ことを表すと考えることができます。これをこのせりふにあてはめ、to be が「復讐を実行する」ことを、not to be が「耐え忍ぶ」ことを指している、とするのが第 3 の解釈です。第 1 の解釈とちょうど逆になります。

　そしてこの解釈では、次の To die – to sleep が 3 番目の選択肢ということになります。「行動に出る」のでも、「耐え忍ぶ」のでもなく、「いっそ死んでしまおうか」というものです。ただし、To die の前に or がありませんから、To die を第 3 の選択肢とするのは少し無理があるように思います。

第 1 の解釈に戻って

　ではやはり第 1 の解釈が妥当なのでしょうか。これをもう少し掘り下げて検討してみましょう。

ハムレットは、耐え忍ぶべきか、復讐を実行するべきかで悩み、To be, or not to be とつぶやきますが、そこで「後者は自殺行為に等しい」という思いに駆られます。脳裏に「死」がよぎるのですね。それが To die – to sleep です。そして一旦死について考え始めると、緊急の課題だったはずの「復讐を実行すべきか否か」は置き去りになり、死のテーマが独り歩きしていくわけです。

　これはせりふとしての整合性には欠けるかもしれませんが、私たちの思考にはよく起こることで、とてもリアリティーがあります。独白というのは、せりふの形で語られるものの、実際には登場人物の思考を伝えるものなのですね。

　だとすれば、「生きるべきか、死ぬべきか」という和訳は不適当なのでしょうか？　必ずしもそうとは言えません。ハムレットの頭の中には「復讐を実行するのは自殺行為だ」という思いが最初からあったのかもしれないからです。そう考えれば To be, or not to be を「生きるべきか、死ぬべきか」と訳しても不自然ではありませんね。この訳を取るか、「このままでいいのか、いけないのか」を取るかは、結局は訳者の感性しだいということになります。

■ **To be, or not to be...... To die についての３つの解釈** ■

① not to be を「復讐を実行すること」と解釈するもの
　「耐え忍ぶべきか、実行に移すべきか」→「実行に移すのは死ぬことだ」→「死ぬこと──それは眠ること」と思考が展開する。
② not to be を「自ら命を絶つこと」と解釈するもの
　「生きるべきか、死ぬべきか」→「死ぬこと──それは眠ること」と思考が展開する。
③ 選択肢は３つある、と解釈するもの
　「実行に移すべきか、耐え忍ぶべきか」→「それともいっそ死んでしまおうか」と思考が展開する。

32 「怠け者」と呼ばれる元素は？

いくつかの元素や化学物質の名前の由来を紹介しましょう。

小鬼たちが活躍する金属元素

元素の cobalt（コバルト）はドイツ語 Kobold（小鬼）に由来する語です。その昔、銀鉱山の鉱夫たちが、コバルトは小鬼たちが銀鉱石から銀を抜き取り、代わりに入れておいた無価値の物質と信じていたことからきました。銀鉱石が鉱夫たちの健康に有害だったことも関係していると言われます。その有害物質は鉱石に微量に含まれる arsenic（砒素）や sulfur（硫黄）で、コバルトは無実だったのですが。

コバルトが化学的に特定されるのは、鉱夫たちがその存在に気づいてから 300 年もたった 18 世紀半ばのことでした。

同じ金属元素の nickel（ニッケル）はドイツ語 Kupfernickel の短縮形ですが、この Kupfernickel は Kupfer（銅）と Nickel（小鬼、いたずら者）の合成語です。スウェーデンの鉱物学者 A. F. Cronstedt（クロンシュテット）が、ニコライトから初めてニッケルを抽出した際、銅鉱石に似た外見ながら銅を含まないこの鉱石を「銅のいたずら者」すなわち Kupfernickel と命名したことにちなみます。

ソーダは頭痛薬だった

元素の「カリウム（カリ）」は kalium とつづりますが、これはオランダ語で、英語では potassium［パタスィアム］と言います。これは pot-ash すなわち「壺の灰＝灰汁」からきた語で、灰の中にカリウム分が多く含まれていることと対応します。実は kalium もアラブ語 qaliy（植物の灰）からきた語です。

また「ナトリウム」の Natrium はドイツ語で、英語では sodium［ソ

ウディアム］と言います。これは soda（ソーダ：各種のナトリウム化合物）からきた語ですが、soda はもともとは特定の植物を焼いて作ったもので、語源のアラブ語 suda は「頭痛」を意味します。ソーダ分を含む植物が頭痛薬として用いられたことにちなみます。なお Natrium は「天然の炭酸ソーダ」を意味するフランス語 natron からきました。

アルミニウムは aluminium か aluminum か？

aluminium［アラ**ミ**ニアム］（アルミニウム）はイギリスの化学者 Humphrey Davy（デイヴィ）による造語ですが、そのもとになっているのはラテン語 alumen（ミョウバン、英語では alum［**ア**ラム］）です。ミョウバンはアルミニウムを含む複雑な化合物で、古くから媒染剤や革なめし剤として利用されてきました。

さてデイヴィは、この金属をまず alumium と命名しました（1808 年）が、やがて aluminum（1812 年）に、さらに aluminium（1812 年）に変えました。2 番目の aluminum［ア**ルー**ミナム］は今日でもよく用いられます（アメリカではこちらが普通です）。

怠け者も使い方しだい

電球の中に詰めるガスとして知られる argon［**アー**ガン］（アルゴン）は、イギリスの化学者 William Ramsay（ラムズィ）が 1894 年に命名したものです。もとになっているギリシャ語 argos（怠惰な）は a（否定）＋ ergon（働く）という構成の語で、「働いていない」を原義とします。

けれども化学的に「怠惰な」——他の元素と容易に化合しない——ことにも利点があります。これを電球に詰めると、フィラメントが高

熱になってもこれと化学反応しないため、フィラメントが燃えないのですね。

「ウラン」は英語では「ユアレイニアム」

uranium［**ユアレ**イニアム］（ウラン、ウラニウム）は、ドイツの化学者Martin Klaproth（クラプロート）がUranus（天王星）にちなんで名付けたUran［ウラン］の英語形です。

クラプロートがウランを発見した1789年は、天王星が発見されて8年後のことでした。新惑星の発見は8年経ってもまだホットなニュースだったのですね。ちなみにUranus［**ユ**アラナス］はギリシャ神話の最初の世界支配者「ウラノス」——ガイアの夫、ゼウスの祖父——のことです。

なお、ウランは、発見から100年以上も経った1896年、フランスの物理学者A. H. Becquerel（ベクレル）がウラン化合物から放射能を発見して初めて脚光を浴びることとなりました。「ウラニウム」という日本表記は英語のuraniumをローマ字式に読んだものです。［ユア**レ**イニアム］という実際の発音とはずいぶん違いますね。

アルコールは粉だった

alcohol［**ア**ルカホル］（アルコール）の語源はアラブ語のal-kuhl（まぶたに色をつける金属性の粉）です。これはラテン語に入ってalcohol（金属の粉末）となり、英語に入ってからも長い間同じ意味に使われていましたが、17世紀ごろに「精留して得た粉末」を経て「精留して得た液体、エキス」の意味に転じました。「アルコール、アルコール飲料」の意味は「エキス」からきたものです。

alcoholは固体から液体への劇的な変化を遂げた語なのですね。

本当は「なまぐさい」オゾン

ozone［**オ**ウゾウン］（オゾン）はO_3という分子式が示すように酸

素に近い物質で、酸素に紫外線が当たると生じるため、高山や海岸、森林などの空気に微量に含まれます。このことからozoneは比喩的に「新鮮な空気」の意味にも使われますが、実際のozoneは目や呼吸器を冒す刺激性の有毒物質で、ニンニクを思わせる独特の臭気を持っています。ozoneがギリシャ語ozon（臭いがする）をもとに造語されたゆえんです（微量であれば害はありません）。

「消せない」が「燃やせない」に変わった理由

asbestos［アスベストス］（アスベスト、石綿）は不燃性の鉱物ですが、語源であるギリシャ語asbestosの原義は「消すことのできない」で、もともとは「いったん火がついたら消すことのできない」という伝説上の石を指していました。その後、ギリシャ語では「生石灰」の意味に使われていましたが、ラテン語に取り入れられた際、ローマの学者がその意味を「燃やすことのできない」と勘違いし、「石綿」の意味に使うようになったのです。

なおつづりの最後のsは複数形のsではありません。日本語の「アスベスト」の最後に「ス」がつかないのは、それがオランダ語形asbestからきたことによります。

1カラットは豆1個

diamond（ダイアモンド）の語源はギリシャ語adamas（征服されない→最も硬い）ですが、これがラテン語に入ってdiamas（ダイアモンド）に変わり、英語のdiamondのもとになりました。ada-がdia-に変化したのは、ギリシャ語の接頭辞dia（＝across）への連想が働いたためと言われています。

ちなみに宝石の重さ（および金の純度）を示す単位carat（カラット）の語源はギリシャ語keration（イナゴマメ、キャロブマメ、英語のcarob）です。その昔、この豆が天秤の重りとして用いられたことに由来します。

33 英語の小説を原文で読む② "The Dead" by James Joyce

アイルランド出身の小説家 James Joyce (1882-1941) の短編集 *Dubliners*（邦題『ダブリンの人々』）に収められている "The Dead"（『死せるもの』）という小説を読んでみましょう。

"The Dead" はペーパーバック版で 50 ページ弱の長さがありますので、短編より中編と呼ぶにふさわしいかもしれません。その英文は決して読み易いものではありませんが、難解というほどではありませんので、ジョイスという名前に臆することなく挑戦してみましょう。

物語の展開

この小説は、ダブリンに住む音楽教師姉妹が友人や生徒たちを集めてパーティーを開く、というところから始まります。時代は 20 世紀の初頭、季節は冬で、昔ながらの中産階級の集いといった雰囲気の中で物語は展開します。

物語の主人公は老姉妹の甥である Gabriel Conroy とその妻 Gretta です。中産階級のインテリであるゲイブリエルは、叔母の家のメイドにつまらない冗談を言って反発を買ったり、オーバーシューズのことで妻にからかわれたりする、やや不器用な男として描かれますが、一方で彼はディナーの席でガチョウの丸焼きを切り分ける役を買って出たり、凝ったスピーチを披露して拍手喝采を浴びたりもします。

パーティーは、ダンスがあったり、音楽教師の家らしくピアノの演奏があったり、歌が披露されたりと盛りだくさんで、その描写は長々と続きますが、それはこの小説の本題ではありません。

さて、パーティーもお開きが近づき、玄関先で数人の客を見送ったゲイブリエルは、ホールの階段の上に 1 人の女性が立ち、手すりに寄りかかって、何かに聞き耳を立てているのを目にします。妻のグレッ

タでした。何気ない描写ですが、実はこの作品のテーマと深くかかわる部分です。

やがてゲイブリエルとグレッタも叔母たちに別れを告げ、予約していた市内のホテルへと向かいます。ゲイブリエルは盛装した妻を美しいと思い、新婚時代のことをしきりに思い出します。妻に対する強い欲情を感じた彼は、ホテルの部屋に入りながら、その気持ちをどう切り出そうかと考え続けます。

けれども、室内に入ったゲイブリエルは、妻の様子が少しおかしいことに気づきます。問いただす彼に対し、グレッタは The Lass of Aughrim という歌のことを考えているのだと答えます。彼女が階段の上で熱心に聞いていた歌です。それは彼女が娘時代に付き合っていた若者がよく歌っていた歌で、その若者はグレッタのことを思いながら 17 歳の若さで亡くなったのでした。

そのことを夫に打ち明けたグレッタは、こみ上げてくる思いを抑え切れずにベッドの上に泣き伏し、やがてそのまま寝入ってしまいます。ゲイブリエルは独り取り残され、突然突きつけられた妻との間の深淵に愕然とします。さっきまであれほど近くに感じられていたグレッタは、今はもう手の届かないところに行ってしまったかのようでした。

アイルランド人のアイデンティティー

ゲイブリエルとグレッタの間に横たわる深淵——それは実は彼ら個人の関係にとどまるものではありません。この小説のほぼ 8 割を占めるパーティーの描写は、最後の数ページに展開される本題の長い前置きに過ぎないように思われますが、実はさまざまな意味を含んでいます。例えば、ゲイブリエルが階段の上にいる妻を見上げるシーンは、彼が妻の内面を全く理解していないことを暗示しているのです。そしてそこにはゲイブリエルの抱える問題が浮かび上がってきます。

アイルランドという国は、その歴史の全般にわたって、ほとんど常

に隣国イングランドの支配と搾取を受けてきました。そしてそれはアイルランド人の間に2種類の反応を引き起こします。一方には、表面ではイングランドの支配を受け入れつつ、心の中ではしっかりと民族のアイデンティティーを守り続けている人々がいて、それはグレッタに代表されています。Galway（ゴールウェイ）の gasworks（ガス工場）で働いていて、そこの有毒ガスを吸い続けたことで結核にかかり、命を落とした昔の恋人を、彼女はアイルランド魂の象徴として心にとどめているのです。この若者がよく歌っていたという The Lass of Aughrim は、若い領主に誘惑されて子供を産んだ土地の娘が、その赤ん坊を抱えて領主の館に向かうものの、門から中に入れてもらえず、絶望して身を投げるという悲しい歌です。それはイングランドとアイルランドの関係を暗示しているようにも思われます。

　他方には、アイルランド人としての自分のアイデンティティーを放棄し、イングランド的なものを際限なく受け入れていく人々がいて、それはゲイブリエルに代表されています。パーティーのダンスの際、パートナーに And haven't you your own land to visit that you know nothing of, your own people, and your own country ? と詰め寄られるゲイブリエルは、I'm sick of my own country, sick of it ! と叫ぶのですが、それは彼がアイデンティティーを失った根無し草となっていることを示しています。彼と妻の間に横たわる深淵は、このアイデンティティーの問題と深くかかわっているのです。

journey westward

　この物語はゲイブリエルが妻との間の溝の深さに気づいて絶望するところでは終わりません。妻の疲れた寝顔を見ているうち、彼の目には彼女への同情の涙があふれてきます。そしてその涙にかすんだ視界に、雨に濡れながら庭先に立つ若者（グレッタの元恋人）の姿が、そしてそれ以外の大勢の者たちの姿が映り始めます。ゲイブリエルはそれまで決して見ようとしなかったものに目を向け、その魂は死せる者

たちの住む領域に近づいたのです。

　そして迎える最後のパラグラフ（16行）は、「20世紀のフィクションの中で最も繊細で、最も感動的で、最も美しい」と言われる有名な文章です（最低限これだけは原文で読んでほしいものです）。それはA few light taps upon the pane made him turn to the window. という文に始まり、ホテルの窓にパラパラと音を立てながら降り出した雪が、やがてアイルランド全土に降り積もっていくさまを描いていきます。そう、その雪はグレッタの恋人だった Michael Furey の墓にも、「生者の上にも死者の上にも」（upon all the living and the dead）一様に降り積もるのです。

　さて、この幻想的な雪の描写の中に The time had come for him to set out on his journey westward. という謎のような一文がまぎれ込んでいます。westward が具体的にどこを指すのかについては、本文には一切触れられていませんが、それはダブリンの西にあるゴールウェイ地方のことだろうと言われています。イングランド化してしまったダブリン周辺とは異なり、そこはアイルランドの伝統がかたくなに守られ、Gaelic ［**ゲイリック**］（ゲール語、アイルランド語）がいまだに用いられている地域です。ゲイブリエルの「西への旅」は、一度は放棄したアイルランド人としてのアイデンティティーを取り戻す「旅」を暗示しているのですね。そしてそれは妻との間の溝を埋めるために唯一残された道でもあるわけです。

■ジョイスとゲイブリエル■

　ゲイブリエルはジョイス自身の、グレッタはジョイス夫人 Nora の姿を色濃く映し出していると言われています。アイデンティティーを失いかけているのはジョイス自身なのでしょうか。もしかしたらジョイスは、この小説を書くことによって、アイルランド人としての自覚を深め、ノーラとの間の危機を乗り越えようとしたのかもしれませんね。

34 何度も転ぶかもしれないが…——adversity と failure をめぐる英語の名言

英語で表現された数多くの名言のうち、adversity と failure に関係するものをいくつか紹介しましょう。

If you break your neck, if you have nothing to eat, if your house is on fire, then you got a problem. Everything else is inconvenience. 〜Robert Fulghum
(もしあなたが首の骨を折ったら、もし何も食べるものがなくなったら、もし家が火事になったら、それは確かに問題だ。それ以外はすべて不便に過ぎない。…ロバート・フルガム：アメリカの文筆家)

break your neck は命にかかわる病気や事故に見舞われることを、have nothing to eat は食べ物に事欠くほど貧しくなることを、your house is on fire は財産をすべて失うような災害に会うことを指しています。でもそれ以外は問題と呼ぶに値しない、とフルガム先生は言います。私たちはたかだか inconvenience に過ぎないことでさんざん悩んでいるのかもしれませんね。

A man may fall many times, but he won't be a failure until he says that someone pushed him. 〜Elmer G. Leterman
(人は何度も転ぶかもしれないが、誰かに押されたのだ、と言うまでは失敗者ではない。…エルマー・レターマン：20世紀アメリカの実業家)

何かに失敗したとき、私たちはとかくそれを誰かのせいにしたがります。それによって傷ついた自尊心を繕(つくろ)おうとするのです。でも、そこに逃げ込まない限り——失敗を認め、その責任を引き受ける限り——何度失敗してもその人は「失敗者」にはならない、とレターマンは

金継ぎ

金継ぎは、ご飯と生漆(のりうるし)を練って作った糊漆で割れた陶磁器を接着し、その接着部分に色漆を塗り、金粉を蒔いて仕上げる技法です。これを施すと、器の傷はもはや傷ではなくなり、代わりに独特の美しい模様が浮かび上がるのですね。割れた器の形に思いがけない美を見出した先人たちに拍手を送りたいものです。

(出典:金継ぎ屋ホームページhttp://www.kintugi.jp/)

言います。力強い励ましの言葉ですね。

When the Japanese mend the broken objects, they aggrandize the damage by filling the cracks with gold. They believe that when something's suffered damage and has a history it becomes more beautiful. 〜Barbara Bloom
(壊れたものを直すとき、日本人は割れ目に金を埋め込んでそれを補修する。何かが損傷を被り、歴史が生まれるとき、それがさらに美しくなることを日本人は知っているのだ。…バーバラ・ブルーム:アーティスト)

陶磁器を補修する技術である「金継ぎ」への言及です。これを施すことにより、割れた茶碗が割れる前よりも美しくなるというのですから、何ともすばらしい技術です。そしてバーバラは、それが「災い転じて福となす」日本人の心のしなやかさを表している、と考えています。果たして私たちはこの高い評価に応えられるでしょうか?

If all misfortunes were laid in one common heap whence everyone must take an equal portion, most people would be contented to take their own and depart.　～Socrates

（もし災難が一個所に積み上げられていて、誰もがそこから同じだけ取らなければならないとすれば、ほとんどの人は不満も言わずに自分の分を取り、帰っていくだろう。…ソクラテス）

災難に見舞われたとき、私たちはしばしば「不公平だ」という思いに駆られます。他の人たちが幸せそうにしているのに、どうして自分だけがこんなに苦しまなくてはならないのか、と。誰もが同じだけ災難を受けるとすれば、それはもはや災難とは感じられないかもしれない、というソクラテスの味わい深い言葉です。

■adversity と failure をめぐるその他の名言■

I don't know the key to success, but the key to failure is trying to please everybody.　～Bill Cosby

What a pity human beings can't exchange problems! Everyone knows exactly how to solve the other fellow's.　～Olin Miller

It is a common experience that a problem difficult at night is resolved in the morning after the committee of sleep has worked on it.　～John Steinbeck

Some of God's greatest gifts are unanswered prayers.
～Garth Brooks

Our business in life is not to succeed, but to continue to fail in good spirits.　～Robert Louis Stevenson

35 前から読んでも後ろから読んでも
——palindrome の世界

　Madam, I'm Adam.

という文から punctuation と space を取り去り、すべて小文字で表記すると、madamimadam となりますね。これは文字の配列が前からも後ろからも同じになっています。こういう文を palindrome ［パリンドゥロウム］と言います。日本語では「回文」と言い、「しんぶんし」、「たけやぶやけた」、「にわとりとわに」などがそれに相当します。

　Madam, I'm Adam. はアダムがイヴに最初に語りかけた言葉——人類最初の言葉——という想定です。中に in Eden を入れ、Madam, in Eden I'm Adam. としてもなお palindrome が成立しますが、文の格調はむしろ落ちる気がします。

　Able was I ere I saw Elba.

も有名な palindrome です。ere ［エアー］は before の意味の古語、Elba はナポレオンが最初に流された島の名前です。「エルバ島に流されるまでは、私にも力があったのに」とナポレオンが嘆いたという想定ですね。これは、単語の間のスペースを残し、able was i ere i saw elba としても成立するという意味で、より高度な palindrome と言えるでしょう。

　A man, a plan, a canal – Panama!

は単語の羅列という感じがしますが、長い文字列をくぐり抜けて palindrome を完成させているということで、とても有名です。「1人の男、1つの計画、1つの運河——それがパナマだ！」という意味です。「男」とは、パナマ運河の建設を計画したレセップスのことでしょうか。ただし、レセップスは、スエズ運河の建設には成功したものの、パナマ運河に関しては途中で計画を放棄しています。

それ以外の palindrome

以上が英語の三大 palindrome ですが、英語にはまだまだたくさんの palindrome があります。

Was it a rat I saw？（私が見たのはネズミだったか？）はすっきりした palindrome ですが、文章に格調が感じられないのが玉に瑕です。Was it a car or a cat I saw？というヴァリエーションもあります。

Do geese see God？（ガチョウは神を見るか？）もすっきりした palindrome です。文に意味はありませんけれども。

A dog – a panic in a pagoda. は、パゴダ（寺院の塔）の内部に1匹の犬がまぎれ込み、パニックを起こしたという想定です。palindrome にはよく動物が出てきますね。

Ma is as selfless as I am. の ma は「ママ」のことです。as selfless as のあたりの処理がみごとです。

Ah, Satan sees Natasha. （ああ、サタンがナターシャを見る）も面白い palindrome です。ナターシャの運命やいかに！

A Toyota's a Toyota. はトヨタの宣伝文句として使えそうですね。これが palindrome になっているとは驚きです。

Mr. Owl ate my metal worm. （フクロウさんが私の金属の虫を食べた）あたりになると、かなり怪しい雰囲気が漂ってきます。

Satan, oscillate my metallic sonatas. （サタンよ、私のメタリックなソナタを揺らしたまえ）は、まるでシュルレアリスムの詩の一節のようですね。

I roamed under it as a tired nude Maori. （私は疲れた裸のマオリのようにその下をさまよった）にはつい笑ってしまいます。マオリ族の人は怒るかもしれませんが。

単語単位の palindrome

以上の例は文字単位の palindrome ですが、単語単位の palindrome もあります。

Fall leaves after leaves fall.（葉が落ちると秋は終わる）がその例です。ABCBA という構成になっていますね。

First Ladies rule the State and state the rule: ladies first.（ファースト・レディーたちがその国を支配し、「レディー・ファースト」という規定を設けている）は ABCDEFEDCBA という構成です。

Girl, bathing on Bikini, eyeing boy, sees boy eyeing Bikini on bathing girl.（若い娘がビキニ姿で水浴びしながら若い男に視線を送り、若い男が水浴びする娘のビキニに視線を送っているのを見る）はさらに長い文ですが、冠詞が抜けていることもあって、かなり不自然な文になっています。

■palindrome になっている単語■

1つの単語が palindrome になっているケースもあります。*Oxford English Dictionary* に載っている最長の palindrome は 12 文字からなる tattarrattat（タッタラタット）です。ドアをノックする音を表す擬声語で、James Joyce が *Ulysses*（『ユリシーズ』）の中で使いました。けれども tattarrattat は palindrome を意識した造語ですので、正式な語として認めない人もいます。

Guinness Book of Records が認定している最長の palindrome は 11 文字の detartrated です。これは tartrate（酒石酸塩）の派生語である detartrate（酒石酸塩を除く）の過去・過去分詞形ですが、特殊な用語であり、一般の辞書には載っていません。

一般の辞書に項目として載っている単語としては、7 文字の re-paper（～に紙を張り替える）、rotator（回転するもの）、reviver（復活させるもの［人］）が最長ということになるでしょう。固有名詞ですが、Akasaka も 7 語のリストに載っています。

誰もが知っている基本語としては、5 語の civic、level、madam、radar、refer、rotor などが挙げられます。

36 「初めに言葉があった」とは？

『新約聖書』の「ヨハネによる福音書」の冒頭に「初めに言葉があった」という一文があります。とても有名な文ですが、いったいこれはどういう意味なのでしょう？

この「言葉」は英語では Word ですが、いずれにしても、これが普通私たちが使っているのとは違う意味に使われていることは間違いありません。少し先には「言葉は肉体となった」という文も出てきます。文字通りには何のことか分かりませんね。

この「初めに言葉があった」──英語では In the beginning was the Word*──は、当然ながらイエスの教えに沿う形で解釈しなければなりません。まずその教えが何であるかを見てみましょう。

神とは？　キリストとは？

「神」という言葉を聞くと、西洋人の中には、白いひげを生やし、杖を持ったいかめしい老人の姿を思い浮かべる人がいるそうですが、それは多分にギリシャ神話などに出てくる神々のイメージに影響されたものです。神話では、神は肉体を持ち、個性に彩られた存在なのですね。

けれども、イエスが伝える神は肉体も個性も持っていません。それは全宇宙を創造した存在であり、私たち人間の把握できる形としては、「知性」あるいは「意識」であると言うことができます。その意識は宇宙に遍在しており、全知で、全能です。そしてそれは永遠の命と限りない愛を放っています。

さて、神、すなわちこの偉大な意識が人間を創造したわけですが、この意識は遍在していますから、被造物である人間の中にも入り込んでいます。というより、すべての人間はその意識の海の中にいて、し

36 「初めに言葉があった」とは？

かもその意識に満たされているのです。そしてChrist（キリスト）は、個々の人間の中にあるこの意識のことを言います。キリストとはつまり「被造物に内在する神の意識」なのです。

「ちょっと待ってください。キリストは救世主ではないのですか？」という声が聞こえてきそうです。確かに一般にはそう考えられています。でもそれにはある勘違いがからんでいるのです。

パレスチナの地でイエスが布教を開始したとき、彼が行った数々の奇跡を目の当たりにして、人々は「このお方こそ救世主**に違いない」と思いました。イエスが先頭に立って圧制者を倒し、新しい王国を造って、自分たちを貧しさから解放してくれると期待したのです。でもイエスはどういう立場を取ったのでしょう？ 彼は But seek ye first the kingdom of God, and his righteousness ; and all these things shall be added unto you.（けれどもまず神の王国と、その義を求めなさい。そうすればこれらのものすべてが添えて与えられるであろう：マタイによる福音書6-33）と言ったのです。「これらのもの」は直接的には食べ物や衣類のことですが、「地上の王国」も指しています。

この「神の国」について、イエスは、別のところで、Neither shall they say, Lo here ! or, lo there ! for the kingdom of God is within you.（また［神の国］『見よ、ここにある』『あそこにある』などとも言えない。神の国は、あなたたちのただ中にあるのだ：ルカによる福音書17-22）と言っています。

「人のただ中にある神の国」とは「人間に内在する神の意識」つまり「キリスト」のことです。キリストは、白馬にまたがってやって来る救世主ではなく、人間1人ひとりの内面に初めからあるものなのですね。イエスは「救世主の出現を期待してはいけない。内面にキリスト意識を打ち立てて、みずからが救世主となりなさい」と言っているわけです。

イエスが順番を強調していることに注目してください。①「意識」、②「物質」です。①さえ打ち立てれば、②は勝手についてくる、とい

うのですね。遍在する意識（神）が宇宙を創造した以上、まず意識があって、それから物質が生まれるのは当然のことです。

さて、イエスは I and my Father are one.（私と父とはひとつである：ヨハネによる福音書10-30）と言いました。この「私」は後の勘違いのもとにもなっているのですが、それは肉体を伴った存在であるイエスではなく、イエスに具現されているキリスト（内在する神の意識）のことです。「父」は神（遍在する意識）ですから、「私と父はひとつである」は「被造物に内在する意識と遍在する神の意識は同じものである」を言い換えたものです。

初めに言葉があった

では最初の「初めに言葉があった」に戻りましょう。イエスの弟子の1人であるヨハネ（英語では John）は、神とは何であり、キリストとは何であるかを理解していました（そうでなければ「ヨハネによる福音書」は書けません）。けれどもヨハネは「遍在する意識」および「人間に内在する意識」をうまく表現することができませんでした。当時はそのような抽象的な観念を表す語が極端に少なかったのです。そこで彼はこの「意識」を「言葉」で表すことにしました。

『新約聖書』はイエスが布教した地域で用いられていたアラム語で書かれましたが、やがてそれはギリシャ語に訳され、このギリシャ語版を原典として英語を含む各国語に訳されていきました。「言葉」はギリシャ語では logos ですが、logos は「言葉」以外に「説明」、「理性」、「議論」などのさまざまな意味に使われていました。日本語の「言葉」や英語の word よりも幅の広い語だったのですね。

ではヨハネによる福音書の Word を consciousness（意識）に置き換えてみましょう。最初の段落は以下のようになります。

In the beginning was the consciousness, and the consciousness was with God, and the consciousness was God.（初めに意識があった。そして意識は神と共にあり、意識は神であった。）

これこそがヨハネの言っていることなのですね。そしてその先の第14節に、And the Word was made flesh, and dwelt among us,（そしてその言葉は肉体となり、私たちの間に宿った）という一文が出てきます。これは「意識が肉体となった」という意味ですが、後続の文からして、この肉体は「イエスの肉体」を指しています。取りも直さず、これは「キリスト」すなわち「内在する意識」が「キリストを具現する者としてのイエスの肉体」になったということなのですね。

イエスの教えと唯物論

　イエスの教えでは、人間の実体は意識であり、spirit（霊）であって、肉体はその反映に過ぎません。今日の表現を使うなら、肉体はvirtual reality（ヴァーチャル・リアリティー）なのです。そして死はヴァーチャルである肉体が消えることに過ぎず、そうなっても実体である意識（霊）はびくともしないわけです。意識は永遠です。

　一方、私たちの間では、物質こそが実体であると考えるのが一般的です。そして意識は、物質である脳が生み出すものに過ぎないのですね。これは学校でもそうだと教えられていることで、私たちのほとんどはそう信じています。でも実は、これはmaterialism（唯物論）と呼ばれるひとつの思想に過ぎません。

　唯物論では、まず物質があり、そこから意識が生まれると考えます。一方のイエスの教えでは、まず意識があり、そこから物質が生まれると考えます。そのどちらを信じるかは私たち1人ひとりの自由というわけです。

＊聖書の英文は the King James Version（欽定訳聖書）を用いました。
＊＊「救世主」はヘブライ語では masiah、アラム語では mesiha(いずれも「メシア」)で、これをギリシャ語に訳したのが Khristos すなわち「キリスト」です。

37 英語のジョーク

英語圏の人々はジョークが大好きです。いくつものジョークを覚えていて、それをパーティーなどで披露するのを楽しみにしている人も少なくありません。その例をいくつか紹介しましょう。

英語のジョークは大ざっぱに言って3つの種類に分けられます。まずいわゆる下ネタを扱った dirty jokes があります。それから、性的なネタではないものの、人の失敗や欠点をあざ笑うような後味の悪いジョークがあります。ブロンドの女性がいかに頭の回転が遅いかをからかう blonde jokes がその典型です。3つ目は悪意のないジョークで、clean jokes と呼ばれます。ここに紹介するのはもちろんこの clean jokes です。

One Liners

1行だけで終わるジョーク、あるいは1行の問いと1行の答えからなるジョークは one liner と呼ばれます。

When the smog lifts in Los Angeles, U.C.L.A.

がその例です。U.C.L.A. は「カリフォルニア大学ロサンジェルス校」ですが、U.C. は you see と同じ発音になります。ダジャレですね。

Why didn't the chicken cross the road ?

Because he was a chicken.

は chicken に「臆病者」の意味があることにひっかけたものです。

What did one earthquake say to another ?

It's not my fault.

は fault の「断層」の意味を利用したものです。「今の揺れは私のせいじゃない——私の断層じゃない」というわけです。

Why are some fish at the bottom of the ocean ?

Because they dropped out of school.

も同じタイプのジョークで、school の「(魚の) 群れ」の意味にひっかけています。

How do you know carrots are good for your eyes?

Have you ever seen a rabbit wearing glasses?

はダジャレ系ではありませんので、日本語に訳してもジョークとして成立しますね。

Short Jokes

one liner よりは長いものの、数行で終わるジョークは short joke と呼ばれます。これを2つ紹介しましょう。

A young bride and groom-to-be had just selected their wedding rings. As the young lady admired the plain platinum and diamond band she had chosen for herself, she suddenly looked concerned. "Tell me," she asked the rather elderly salesman, "is there anything special I'll have to do to take care of this ring?" With a fatherly smile, the salesman said, "one of the best ways to protect a wedding ring is to soak it in dishwater."

最後の言葉は「結婚生活を円満なものにするひけつは、妻が家事をいとわないことだ」というほどの意味でしょうか。こういう教訓的なジョークは今日ではほとんど見かけませんね。

A man was recovering from surgery when a nurse asked him how he was feeling.

The man replied, "I'm all right, but I don't like the four-letter-word the doctor used in surgery.

The nurse asked, "What did he say?"

"Oops."

four-letter-word は普通卑猥な語を指しますので、nurse は身構え

ますが、答えは oops［**ウプス**］でした。oops とは？「いけね、しまった」という意味です。

Knock Knock Jokes

英語には Knock Knock Jokes と呼ばれるジョーク群があります。Knock Knock. Who's there? --- --- who? —— という決まった構成の --- の部分に人名（あるいは普通の名詞）を入れ、——で笑わせるというものです。例としては

Knock Knock.
Who's there?
Justin.
Justin who?
Justin the neighborhood, and thought I'd say hello!

が挙げられます。最後の行は Just in the neighborhood（近所まで来たから）ということなのですね。では

Knock Knock.
Who's there?
Dishes.
Dishes who?
Dishes the police, come out with your hands up!

はいかがでしょう？ Dishes [diʃiz] は This is [ðis iz] のつもりです。ちょっと苦しいですが、ダジャレは苦しめのほうが面白いと言えます。なお、this は日本語では「ジス」と表記されますが、実際はむしろ「ディス」に近いのですね。

38 英詩を味わう②
Emily Dickinson の詩

19世紀アメリカの詩人 Emily Dickinson (エミリー・ディキンスン) の2編の詩を鑑賞しましょう。

(1) "I'm Nobody!　Who are you ?"
(私は誰でもない人！　あなたは誰？)

> I'm Nobody ! Who are you ?
> Are you – Nobody – Too ?
> Then there's a pair of us ?
> Don't tell ! they'd advertise – you know !
>
> How dreary – to be – Somebody !
> How public – like a Frog –
> To tell one's name – the livelong June –
> To an admiring Bog !

「私は誰でもない人」(I'm　Nobody！) は、「自分は無名だ」という意味です。ディキンスンは冒頭にこの言葉を持ってきて、自分はそのことを少しも恥じていない、残念にも思っていない、ということを伝えようとしているのです。そして「あなたも誰でもない人？　ならば私たちはお似合いね。でも言っちゃだめよ。言いふらす人がいるから (they'd advertise)」と私たちに誘いかけます。

第2段落で、詩人は、「ひとかどの者」(Somebody) であることがいかに「つまらない」(dreary) かを強調します。2行目の public は「名を知られている、著名な」という意味ですが、1行目の dreary

と並べられると、ひどく滑稽な、哀れな言葉に感じられます。それはちょうど、カエルが、「長い長い6月の間中」(the livelong June)、「自分を称えてくれる沼」(an admiring Bog) に向かって自分の名前を唱えているようなものだ、と彼女は言うのです。

　これは生涯無名だったディキンスンのアイデンティティーの宣言とも言える詩です。自分の書いた詩を認めてもらいたい、という気持ちが彼女になかったはずはありません。でも彼女は自分を売り込むことなど死んでもできない人だったのですね。

(注) advertise を banish us と、one's を yours とする版もあります。

(2) "I know that He exists."
（私はあの方が居られるのを知っている）

I know that He exists.
Somewhere – in Silence –
He has hid his rare life
From our gross eyes.

'Tis an instant's play.
'Tis a fond Ambush –
Just to make Bliss
Earn her own surprise !

But – should the play
Prove piercing earnest –
Should the glee – glaze –
In Death's – stiff – stare –

Would not the fun

Look too expensive !
Would not the jest –
Have crawled too far !

　この詩は「私は神 (He) が存在することを知っている」という言葉で始まります。その姿は見えないけれど、それは神が「私たちの粗い目」(our gross eyes) から身を隠しているからだ、とディキンスンは言います。

　そして詩人は、これは「つかの間の遊びだ」(an instant's play)、「たわいない待ち伏せごっこだ」(a fond Ambush) と続けます。それは「至福にそれ自身の属性である驚きを得させるため」(to make Bliss/Earn her own surprise !) です。神を見出す喜びと驚きを人に味わわせるために、神はわざと身を隠している、というのですね。

　けれども、前半のこの冗談めかした調子は、後半に入って凍り付きます。「仮にこの遊びが刺し貫くような本気だったら」(should the play/Prove piercing earnest)、もしその喜びが「死のこわばった眼差しにあって曇ったら…」(glaze – /In Death's – stiff – stare –)、そのときは「その楽しみが高価すぎるということにならないように」(Would not the fun/Look too expensive !)、「その戯れが行き過ぎたということにならないように」(Would not the jest – /Have crawled too far !) と詩人は言うのです。

後半の8行はやや難解ですが、その内容は「もし本当は神はいないということが分かったら──探し当てたと思ったら、そこには冷たい目で見返す『死』がいるだけだったら──神を探すというこの遊びの代価はとてつもなく大きなものになるだろう」と要約できるでしょう。

ディキンスンは生涯信仰告白をせず、正式なキリスト教徒にはなりませんでした。ピューリタン的な気質が色濃く漂うニューイングランドの田舎町にあっては、これはかなり突っ張った態度だったに違いありませんが、気持ちが揺れている以上、信仰告白はできなかったのです。神はいるのか、いないのか…。少なくともこの詩を書いた時点では、ディキンスンはそれと確信できるような体験を味わっていなかったのでしょう。でも真っ向から神と切り結ぶその姿勢には迫力があります。そう、その真っ向勝負がこの傑作を生むことになったのですね。

■Emily Dickinson について■

1830年にマサチューセッツ州 Amherst（アマスト）に生まれた Emily　Dickinson は、生涯を独身で通し、亡くなるまでの55年間をこの町からほとんど出ることなく過ごしました。父親は連邦の上院議員を務めたこともあるアマストきっての名士で、エミリーが婚期を逸したのはこの父親が選り好みをしたから、とも言われています。エミリーは非常に自意識の強い、内気な人で、生涯に約1800編の詩を書きましたが、発表したのはごくわずかでした。40歳前後からは家の外に出ることすらほとんどなくなり、町の「伝説」となりました。

エミリーの詩が生前に評判にならなかったのはかえって幸いだった、と考える人々もいます。脚光を浴びれば、その詩を貶（おとし）める批評家も必ず現れていたはずで、そうなれば自意識の強いエミリーは詩作を放棄していたかもしれないからです。彼女の詩が認められ始めるのは、その死後間もなくのことでした。今日、ディキンスンはアメリカを代表する詩人の1人に数えられています。

39 英語の crossword puzzle を作る

　パズルには解く楽しみだけでなく、作る楽しみもあります。ここでは英語の crossword puzzle の作り方を紹介します。

　英語のクロスワードパズルには、純粋な遊びのものと、学習用のものの 2 種類があります。もちろん前者が本来のクロスワードパズルで、作り手はすぐには解けないようさまざまな工夫をこらします。一方の学習用のものは、短時間で解けなくてはなりませんから、ひねりはあまり利かせません。ここで作るのは後者のものです。

　学習用のクロスワードパズルは、初級者を対象としたものほど作りづらくなります。使える単語が限られるからです。中学 1 年レベルのものを作るのは至難の業で、どうにか作れるようになるのは中 2 の半ばぐらいでしょう。ここで例として作るのは、中 3 の高校受験を意識したレベルで、ここまでくれば作るのは難しくありません。

　クロスワードパズルの製作は、紙に線を引いて升目を用意することから始まります。ここでは 10×10 = 100 升のものを使います。升目が多いほど、作るのは容易になります。

　学習用のパズルでは、特定のテーマを掲げるのが普通です。ここでは現在完了をテーマとしたものを作ってみます。

　現在完了では、まず不規則動詞の過去分詞、それから ever や already などの語がキーになります。それらを念頭に置いて以下のような文を用意します。

The baseball game has not <u>begun</u> yet.

Has your father <u>ever</u> been to America?

Have you <u>already</u> finished the work?

She hasn't <u>chosen</u> me.

　下線の語がパズルに入れる語です。これらが第 1 優先の A グルー

プです。次いで、第2優先のBグループとして、現在完了以外に入れてみたい語句を選びます。ここでは

My mother said that she would come back late.

I wonder why she didn't come.

Here you are.

There is no smoke without fire.

を考えてみました。最後の文はことわざで、中学生にはちょっと難しいかもしれませんが、パズルですから、優秀な生徒でもちょっと首をひねるようなものが1つ2つ入っていたほうがいいでしょう。このwithoutとAグループのchosenは上級です。

では、Aグループの語から升に入れていきましょう。まず1行目の左端からb、e、g、u、nと入れ、6升目を塗りつぶします。次に、2つ目のeを利用して縦にe、v、e、rと入れ、やはりその次の升を塗りつぶします。

次に、begunのuを利用し、縦にu、n、t、i、lと入れてみます。最後のlがalreadyに使える、ということを計算に入れた上です。ここまでは1図のようになります。

（1図）

先を進めましょう。alreadyのeを利用し、縦にl、e、f、tと入れます。そう、最後のtがwithoutに使えますね。そして、このwithoutの頭のwから縦にw、i、s、hと入れれば、sがchosenに使えます。ここまでが2図です。

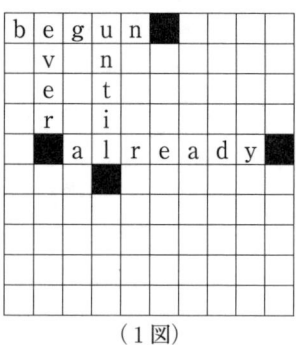

（2図）

39 英語の crossword puzzle を作る

2図までくれば、もう完成したも同然です。Aグループは4語とも入りましたし、already の d が would に使えるのが見えています。Bグループの wonder はここで諦めることにします。

こうしてできたのが完成図です。すべての単語がつながっているようにします。次いで「ヨコのヒント (across)」、「タテのヒント (down)」の順にヒントを書いていきます。数字は横の語から（最初の文字の升の左上に）順に入れていきます。数字の振り方は完成図を参照してください。

(完成図)

	¹b	¹¹e	g	¹²u	n		¹⁵w	
	e	v		n		²y	o	u
	³e	a	t				u	
⁴o	r		i		¹³l		l	
		⁵a	l	r	e	a	d	y
		⁶i	t		f			
¹⁰e			⁷w	i	t	h	¹⁶o	¹⁸u	t
a			i			n		o
⁸c	h	o	s	e	¹⁴n		¹⁷w	
h			h		⁹o	n	c	e

ヨコのヒント

① その野球の試合はまだ始まっていない。

　　The baseball game has not _____ yet.

② はいここにあります。　Here _____ are.

③ スープを飲む：_____ soup

④ すぐに出なさい。バスに遅れるから。

　　Go at once, ___ you'll miss the bus.

⑤ Have you _____ finished the work?

Yes, I have.

⑥ あの映画は良かったね。
The movie was good, wasn't ___ ?

⑦ 火のないところに煙は立たない。(ことわざ)
There is no smoke _____ fire.

⑧ 彼女はぼくを選ばなかったんだよ。
She hasn't _____ me.

⑨ 私は一度パリに行ったことがある。
I have visited Paris _____.

タテのヒント

⑤ Thank you. Not ___ all.

⑦ よいクリスマスをお迎えください。
I _____ you a Merry Christmas.

⑩ ぼくらはお互いが好きじゃないんだ。
We don't like _____ other.

⑪ Has your father _____ been to America?
Yes, he has been there many times.

⑫ 私が戻るまでここで待っていなさい。
Wait here _____ I come back.

⑬ 彼らは私たちを置き去りにした。
They _____ us behind.

⑭ お安い御用です。 ___problem.

⑮ 母は帰宅が遅くなると言った。
My mother said that she _____ come back late.

⑯ メアリー、ジェイン、アンなど
Mary, Jane, Ann and so __ .

⑰ Are ___ old enough to smoke? No, you aren't.

⑱ 驚いたことに：___my surprise

40 英語のなまり①
イギリス英語

　イギリスといえば英語の本場ですが、そこでも一様な英語が話されているわけではありません。標準的な英語とは別に、ロンドンの下町、南部イングランド、北部イングランド、スコットランド、アイルランドなどにはそれぞれ特有のなまりがあります。その一部をここに紹介しましょう。

RP

　イギリスの「最も標準的な発音」とはどのようなものでしょう？

　それはReceived Pronunciation（略してRP）と言われるものです。receivedは「容認される」という意味で、RPは文字通りには「イギリスの上流社会で受け入れられている発音」を指します。これは女王陛下の英語ということでQueen's Englishとも、Oxford大学などで話される英語ということでOxford Englishとも呼ばれています。このRPを話す人はイギリス人全体の3パーセント程度に過ぎないと言われていますが、比較的最近までBBC（イギリスの公営放送）のアナウンサーたちが使っていたことで、BBC Englishとも呼ばれています。けれども、今日では、アナウンサーの間でも後述するEstuary Englishを採り入れる傾向が強まっているそうです。

　これは余談ですが、第二次世界大戦中、イギリス国内のラジオに頻繁にドイツのプロパガンダが流された際に、BBCは多数の地方出身のアナウンサーを起用し、その強いなまりによってドイツの放送と区別できるようにしたという話が残っています。外国人はRPを習得できても、なまりまではまねできないのですね。

　RPの特徴については、次項目のp.152にまとめましたので、そちらを参照してください。

コックニーなまりの特徴

① 「エイ」の音が「アイ」になる。　［例］rain [**ライン**]
② 「アイ」の音が「オイ」になる。　［例］night [**ノイト**]
③ 語頭の h を発音しない。　［例］happen [**アプン**]
④ [ð] が [v] に、[θ] が [f] になる傾向がある。
　　［例］mother [**マヴァー**]　third [**ファード**]
⑤ [au] が [æu] になる。　［例］house [**ヒャウス**]
⑥ [t] を発音しない。　［例］butter [**バ・アー**]

Cockney accent

英語のなまりとしておそらく最も有名なのが、ロンドンの下町なまり、Cockney accent でしょう。

ミュージカル *My Fair Lady* には The rain in Spain stays mainly in the plain. という歌が出てきますが、これは主人公 Eliza のコックニーなまりを矯正するためのものです。この文にたくさん含まれる [ei] の音は、コックニーなまりでは [ai] の音になります。rain が「ライン」と、Spain が「スパイン」と発音されるのですね。

では RP で [ai] と発音されるものは、コックニーなまりではどう発音されるのでしょう？　それは [ɔi] に近い音になります。right は「ロイト」、night は「ノイト」です。ですから main は「マイン」に、mine は「モイン」になって、両者の混同は避けられるわけです。

My Fair Lady にはさらに In Hertford, Hereford and Hampshire, hurricanes hardly ever happen. という歌が出てきます。コックニーなまりでは語頭の h が発音されず、例えば happen が「アプン」になるため、イライザは h をちゃんと発音する練習をさせられているわけです。

コックニーなまりにはまた、[ð] が [v] と、[θ] が [f] と発音される傾向があります。mother が「マヴァー」に、think が「フィンク」

に、third が「ファード」に近い音になるのです。さらには RP の [au] が [æu] になる傾向もあって、house が「ヒャウス」と、about が「アビャウト」と発音されます。

コックニーなまりには [t] を発音しない傾向もあります。ただし、[t] を完全に抜かすのではなく、呑み込むようにしますので、butter は「バ・アー」のように詰まった感じに聞こえます。

いかがでしょうか？　よほど時間をかけて慣らさない限り、Cockney accent の聞き取りは難しそうですね。

Estuary English

3パーセント程度の知識階級が話す RP、下町の庶民が話す Cockney accent の中間に位置するのが Estuary English です。estuary は「河口」という意味で、もともとはテームズ川の河口付近のなまりでしたが、やがてロンドンを含むイングランド南東部全体に広まりました。今日では、ビジネスマンの間でも、お高くとまった感じのする RP を敬遠し、エスチュアリー英語を話す傾向が強まっているそうです。エリザベス女王のスピーチを分析したある学者は、女王の使う英語にすらエスチュアリーの傾向が見られると主張しています。

Estuary English には、Cockney accent と同じように [t] を発音しない傾向がありますが、それは east、football のように主に音節の終わりに関して見られるもので、全面的ではありません。またコックニーなまりとは違って語頭の h はしっかり発音します。

エスチュアリー英語は [dju] の音が [dʒu] に変わる傾向が強いこと

でも知られています。produce が「プロジュース」に、dune が「ジューン」になるわけです。

Northern English

イングランド北部も強いなまりのある地域として知られています。Northern English には RP の [ʌ] が [ɔ] あるいは [u] に置き換えられる傾向があり、例えば come は「コム」と、love は「ロヴ」と、bus は「ブス」と、funny は「フニー」と発音されます。

北部英語には RP の [au] が [ou] と発音される傾向もあります。例えば down は「ドウン」と、about は「アボウト」と発音されるのです。また [ei] や [ou] などの二重母音が長母音になる傾向もあり、例えば rain は「レーン」と、home は「ホーム」と発音されます。

これらの特徴は「母音をつづり通りに発音する傾向」と呼ぶことができるでしょう。もともと英単語のつづりと発音は一致していたのですが、ロンドンを含むイングランド南部では母音の発音がどんどん変化していきました。ところが北部ではそれがあまり変化せず、つづり通りに発音する傾向が維持されているのです。

昔ながらの発音を守っているうち、いつの間にかそれがなまりと呼ばれるようになっていた、というのが真相なのですね。

■イギリス英語のなまり■

	RP	コックニー	北部
rain	レイン	ライン	レーン
right	ライト	ロイト	ライト
home	ハウム	ハウム	ホーム
about	アバウト	アビャウト	アボウト
come	カム	カム	コム
bus	バス	バス	ブス

41 英語のなまり② アメリカ英語

イギリス英語に比べれば、アメリカ英語にはなまりのバラエティーが少ないと言われていますが、それでも有名な南部なまり、ニューイングランドなまりなど、個性的ななまりが存在します。ここではまず、標準的なアメリカ英語から紹介していくことにしましょう。

標準的なアメリカ英語

アメリカ英語では、アメリカ合衆国の Middle West（中西部）に住む人々が標準的な発音をすると言われています。中西部というのは、五大湖の南岸諸州、そしてオハイオ州から西にインディアナ、イリノイ、アイオワ、ネブラスカと続く地域のことです。けれども、実質的には、この中西部から西海岸にかけての広大な地域、そしてカナダ全域で大差のない英語が使われています。言葉を換えれば、合衆国北東部、ニューヨーク周辺、そしてテキサスを含む南部諸州を除いては、かなり均質な発音が聞かれるということです。この標準的な英語を話す人は、北米英語圏の人口の3分の2に及びます。前の項目で紹介したイギリスの標準英語、RP を話す人がイギリス人全体の3パーセント程度に過ぎないのとは対照的と言えるでしょう。

では、RP に対するアメリカ英語の特徴をまとめてみましょう。

① 子音の前や語尾のrを発音する。

RPではwork、sport、ear、carなどのrは発音されません。例えばworkはRPでは[wə:k]ですが、アメリカ英語ではrが発音され、[wə:rk]となります。この[ə:r]は、[ə:]の後に[r]が挿入されるというより、全体で1つの音ですので、[ɚ:]とも表記されます。[ɚ]はrを発音するときのように舌の中央を上げて[ə]と発音すれば出すことができます。

② RPで[ɑ:]と発音されるものが、[æ]と発音される。

ask、bath、fastなどのaは、RPでは[ɑ:]と発音されますが、アメリカ英語では[æ]と発音されます。can'tがRPでは「カーント」と、アメリカでは「キャント」と発音されることが知られていますね。でも[æ]がRPではすべて[ɑ:]と発音されるわけではありません。例えばcanはRPでも「キャン」です。

③ RPで[ɔ]と発音されるものが、[ɑ]と発音される。

hot、not、boxなどのoがRPでは[ɔ]と発音されるのに対し、アメリカ英語では[ɑ]と発音されます。

④ RPで[ju:]と発音されるものが、しばしば[u:]と発音される。

例えばnewはRPでは「ニュー」と、アメリカ英語では「ヌー」と発音されます。

⑤ whがRPでは[w]と発音されるのに対し、[hw]と発音される。

例えばwhatはRPでは「ワット」ですが、アメリカ英語では「ホワット」になります。

New England accent

ニューヨークの北側に位置するコネティカット、マサチューセッツ、メインなどの州はNew Englandと呼ばれています。その名の通り、この地域ではイギリス的な発音が優勢で、独特の言語的風土を持っています。

ニューイングランドの発音の特徴としては、まず子音の前や語尾の

アメリカのなまりの分布

①ニューイングランド
　なまり
②ニューヨークなまり
③南部なまり

rを発音しないことが挙げられます。RPと同じですね。そしてやはりRPと同じようにhotを[hɔt]と、boxを[bɔks]と、askを[ɑːsk]と、fastを[fɑːst]と発音します。

けれどもニューイングランドは広いアメリカの中ではごく限られた地域です。今日ではここにも標準的なアメリカ英語が浸透し、ニューイングランドらしい発音はしだいに聞かれなくなっていると言われています。

New York accent

West Side Story（『ウエストサイド物語』）という映画を見たことがあるでしょうか？　その英語は非常に聞き取りづらいものですが、これはNew York accentと呼ばれる独特のものです。

ニューヨークなまりでは、まず[əːr]が[ɔi]に変わることが知られています。例えばworldが「ウォイルド」と、skirtが「スコイト」と、burnが「ボイン」と発音されるのですから、予備知識がなければとても聞き取れません。

ニューヨークなまりには、[θ]が[t]に、[ð]が[d]に置き換えられる傾向もあります。threeが「トゥリー」に、brotherが「ブラダー」

になるわけです。これはアイルランドなまりの特徴であり、この地にアイルランド人が数多く入り込んでいることを示しています。ニューヨークなまりには、さらに子音の前や語尾のrを発音しないという特徴もあります（ニューイングランドなまりと同じ）。

けれどもニューヨークなまりはこの地に代々住む人々の言葉であり、ニューヨークのどこでも聞こえてくるわけではありません。例えばマンハッタンを闊歩しているビジネスマンたちはおおむね標準的なアメリカ英語を話します。これはある調査で判明したことですが、「子音の前や語尾のrを発音しない」という上記の特徴は、所得の低い層ほどその傾向が強まるそうです。裕福な人々はrをしっかり発音するのですね。

Southern accent

アメリカのなまりの中で最も顕著で、話す人口が最も多いのが南部なまりです。

南部なまりでは、まず[ai]が伸ばされ、[aː]に近い発音になることが知られています。例えばhighが「ハー」に、timeが「ターム」に、fightが「ファート」のような音になるのです。これに限らず、南部なまりには、eggが「エイグ」に、dogが「ダウグ」に近い発音になるという具合に、母音が伸ばされる傾向があります。これは一般にdrawl［ドゥロール］と呼ばれ、南部なまりの最大の特徴となっています。

南部なまりには、p.150で紹介したコックニーなまりと同じように、[t]を発音せずに呑み込んでしまう傾向もあります。またニューヨークなまりと同じように[θ]が[t]に、[ð]が[d]に置き換えられる傾向もあります。

南部ではまた、you allが「ヤオール」あるいは「ヨール」のように、what do youが「ワダヤ」のように発音されます。この「ヤオール」は南部の人々が口癖のように使う言葉で、「ターム（time）」と並ぶ南部なまりの代名詞になっています。

42 英語のなまり③ 英米以外の国々の英語

最後にオーストラリア、ニュージーランド、そしてインドの英語の特徴を紹介しましょう。

Australian English

オーストラリア英語は Cultivated Australian（略して CA）、General Australian（略して GA）、Broad Australian（略して BA）の3種類から成っています。CA は教養人の使う英語で、ほぼイギリスの RP（p.147 参照）に近いものです。GA は一般のオーストラリア人の使う英語、BA は主に田舎の人の使う英語です。後者は言わば「丸出しのオーストラリア弁」で、映画 *Crocodile Dundee* で有名になったあいさつの言葉、G'day, mate！［**グダイ、マイト**］（こんにちは）がその例になります。オーストラリア人の6割以上が GA を話すと言われていますが、改まった場面では GA で話す人が友人同士では BA で話す、ということも珍しくありません。

さて、オーストラリア英語では [ei] が [ai] に置き換えられることがよく知られています。eight が「アイト」と、today が「トゥダイ」と発音されるのですね。これは実は p.148 で紹介したコックニーなまりの特徴であり、その昔イギリスの労働者が大挙してオーストラリアに移住したことを反映しています。また [ai] が [ɔi] に変わり、例えば time が「トイム」に近い音になる傾向もありますが、これまたコックニーなまりと共通しています。[au] が [æu] に置き換えられて cow が「キャウ」に近い音になることも同様です。

オーストラリア英語では、さらに [iə] が [iː] に、[eə] が [eː] に近い音になります。ですから here が「ヒー」、beer が「ビー」に、また hair が「ヘー」、care が「ケー」に近くなるのですね。

オーストラリア英語では、子音の前や語尾のrを発音しません。これはイギリス英語と共通しています。

■オーストラリア人が多用する方言■

outback	奥地、内陸部
mate［マイト］	友だち
bush	未開墾地、森林、田舎
full	酔っ払った
thong	ゴム草履
dinkum［ディンカム］	本物の、真実

New Zealand English

「ニュージーランド人は fush and chups を食べている」とオーストラリア人は言います。ニュージーランドでは [i] が [ə] に変わり、fish が「ファッシュ」に、chips が「チャップス」になるというのです。実際は [i] がほとんど発音されないということのようですので、f'sh and ch'ps のほうが近いかもしれません。

ニュージーランド英語のもう1つの大きな特徴は、[e] が [i] に近い音になることです。ニュージーランド人は brickfast (breakfast) に iggs (eggs) を食べ、飛行機の乗務員が hid-sit (head-set) を collict (collect) する、と言われるゆえんです。二重母音の [eə] も [iə] に近くなり、chair と cheer の、bear と beer の区別がつけづらくなります。

ニュージーランド英語にはオーストラリア英語との共通点もたくさんあります。[ei] が [ai] に変わること、子音の前や語尾のrを発音しないことはオーストラリア英語と同じです。また、女性や若者を中心に、肯定文の末尾を尻上がりに言う傾向があることも両者に共通しています（余談になりますが、日本語でも一時、肯定文の末尾を尻上がりに言うのが流行しましたね）。

インド英語の特徴
① 1つひとつの音節が短く、早口。
② [t]、[d]、[r] が「そり舌音」になる。
③ [r] をくっきり発音する。
　［例］Mr. を「ミスタル」、burger を「バルガル」
④ [ð] を [d] に、[θ] を [t] に置き換える。
　［例］mother を「マダル」、think を「ティンク」
⑤ 単語をつづり通りに発音する傾向がある。
　［例］Wednesday を「ウェドネスデイ」

Indian English

インドでは英語が公用語の1つになっていますが、インド人の英語の発音には強いくせがあって、聞き取るのに苦労します。公用語とはいえ、インド人にとって英語は母国語ではないわけですから、それも仕方のないことでしょう。

インド人の英語の特徴としては、まず1つひとつの音節が短く、とても早口だということが挙げられます。そしてイントネーションが平板で、なおかつ独特のリズムがあります。ヒンディー語の特徴が英語に入り込んでいるのですね。

インド人の英語では、[t]、[d]、[r] が「そり舌音」になります。そり舌は、舌の先を巻き上げ、口蓋を叩くようにして発音するもので、インド人の英語に独特の印象を与えています。

インド人は英単語をつづり通りに発音する傾向があります。とりわけ目立つのは r を常にくっきり発音することで、park が「パルク」のように聞こえます。

インド人はまた、[ð] を [d] に、[θ] を [t] に置き換えます。that を「ダット」と、three を「トゥリー」と発音するのですね。これはインドに限らず、東南アジアの英語に共通する特徴となっています。

著者紹介

石戸谷　滋

昭和23年生まれ。東北大学文学部卒業。岡山大学教養部助教授を経て、現在はフリーライター、翻訳家。
著書に『和製英語アメリカを行く』(大修館書店)、『英単語はどこからきた』(恒河舎、真鍋との共著)、『英語のドレミファ1　英文法は楽しい』『英語のドレミファ2　英単語は楽しい』『英語のドレミファ3　英作文は楽しい』『英語クイズ＆パズル＆ゲーム70』『知っている単語がどんどん増えるスーパー英単語分類帳』『クイズで解決！　英語の疑問112』『恥ずかしくて聞けない英語の基礎・基本62』(以上黎明書房、真鍋との共著) などがある。

真鍋　照雄

昭和20年生まれ。弘前大学教育学部中退後、私塾を開き、今日に至る。
著書に『英単語はどこからきた』(恒河舎、石戸谷との共著)、『自分さがしの旅の始まり』(学事出版)、『学長からの手紙』(自費出版)、『英語のドレミファ1　英文法は楽しい』『英語のドレミファ2　英単語は楽しい』『英語のドレミファ3　英作文は楽しい』『英語クイズ＆パズル＆ゲーム70』『知っている単語がどんどん増えるスーパー英単語分類帳』『クイズで解決！　英語の疑問112』『恥ずかしくて聞けない英語の基礎・基本62』(以上黎明書房、石戸谷との共著) などがある。

英語が好きになる5分間話　上級編

2009年7月1日　初版発行

著　者	石戸谷　　滋 真鍋　照雄
発行者	武馬　久仁裕
印　刷	大阪書籍印刷株式会社
製　本	大阪書籍印刷株式会社

発　行　所　　株式会社　黎明書房

〒460-0002　名古屋市中区丸の内3-6-27　EBSビル
☎052-962-3045　FAX 052-951-9065　振替・00880-1-59001
〒101-0051　東京連絡所・千代田区神田神保町1-32-2
南部ビル302号　☎03-3268-3470

落丁本・乱丁本はお取替します　　ISBN978-4-654-01824-6
Ⓒ S.Ishitoya & T.Manabe 2009, Printed in Japan

知っている単語がどんどん増える スーパー英単語分類帳
石戸谷 滋・真鍋照雄著　四六判・224頁　1800円

英単語を語幹（語の核の部分）や意味・テーマで分類し、語源で効率的に記憶するためのセンター試験レベルのスーパー英単語帳。知らない英単語の意味を類推する力も身に付く。落ちてびっくり accident／他。

恥ずかしくて聞けない英語の基礎・基本62
石戸谷 滋・真鍋照雄著　四六判・175頁　1700円

「family は複数か単数か？」「英語であいづちはどのように打つの？」「どうすれば英語ができるようになるの？」など、恥ずかしくて聞けない英語の基礎・基本に関する疑問に明快に答える。

クイズで解決！　英語の疑問112
石戸谷 滋・真鍋照雄著　A5判・125頁　1500円

「That's life. は『人生はすばらしい』の意味なのか、『人生には苦労が多い』という意味なのかどっち？」など、一度は聞いてみたかった112の疑問を、三択や○×のクイズですっきり解決。

英語のドレミファ①　英文法は楽しい
石戸谷 滋・真鍋照雄著　A5判・183頁　1800円

「go の過去形はなぜ went？」「三単現の s はどこから来た？」「副詞に the をつけたのは誰だ？」など、英文法を対話形式で楽しく学ぶ、すらすら読める文法書。「覚える」英語の苦手な人でも、英語がおもしろくなる！

英語のドレミファ②　英単語は楽しい
石戸谷 滋・真鍋照雄著　A5判・180頁　1600円

「『海』を表す英単語はなぜ sea、marine の２つある？」「大臣が英語ではなぜ minister？」など、英単語を語源で整理し、その仕組みとおもしろさを対話形式で楽しく学ぶ本。

英語のドレミファ③　英作文は楽しい
石戸谷 滋・真鍋照雄著　A5判・192頁　1800円

誰もが悩む英作文のポイントを、アメリカ史の知識等も交えながら対話形式でわかりやく解説。「同時進行」のスペシャリスト／「向かう気持ち」が込められる to／否定内蔵型の言葉／主語が３つもある文？／他

表示価格は本体価格です。別途消費税がかかります。

英語クイズ&パズル&ゲーム70
石戸谷 滋・真鍋照雄著　B5判・118頁　2000円

単語の読み方やつづり、文法、口語表現、ことわざ、英語でのコミュニケーションなどがレクリエーション感覚で楽しく学べる。クイズ・パズルはコピーしてすぐ授業に使用OK。しりとり／あみだパズル／他。

学級担任が教える小学校の英語活動
加藤幸次・佐野亮子編著　B5判・122頁　2300円

英語で総合学習をしよう　ALTに任せきりにせず、学級担任が"日本人英語"で自信を持って指導する小学校の英語活動。1年生から6年生までの授業例を収録。学級紹介カルタを作ろう／見学に出かけよう／他。

恥ずかしくて聞けない数学64の疑問
仲田紀夫著　A5判・168頁　1800円

疑問の64(無視)は、後悔のもと！　「『0で割るな！』はナゼなのか？」「分数の割算は、どうしてひっくり返すのか？」「(−)×(−)が、ナゼ(＋)になる？」など、日ごろ不思議に思う数学の疑問に答える。

道志洋博士の世界数学クイズ&パズル&パラドクス
仲田紀夫著　A5判・190頁　2000円

世界各地の民族や歴史に根ざしたパズルを、数学的、社会的背景と合わせ紹介。楔形数字とグノモン／名著『算経十書』／『確率論』と文学／他。『挑戦！　数学クイズ&パズル&パラドクス』改題。

道志洋博士の数学再学習への近道
仲田紀夫著　A5判・152頁　1900円

好きになる"転機"、ヒラメキの宝庫　数学者のヒラメキによる難問解決例などを紹介するとともに、ヒラメキ力をアップする数々の挑戦問題を用意。数学一家の秀才ベルヌーイの墓碑は、"永遠の曲線"／他。

クルーズで数学しよう
仲田紀夫著　A5判・148頁　1800円

港々に数楽あり　道志洋博士が、豪華クルーズ船に乗り込んで世界の港に立ち寄りながら、港々の数学にまつわる楽しい話を紹介。水位計と巨石の町「シェーネ」／ドイツ『Uボート』とスウィープ方式／他。

表示価格は本体価格です。別途消費税がかかります。